清　　玩

文人のまなざし

京大人文研漢籍セミナー 5

岡村秀典
髙井たかね　著
稲本泰生

研文出版

序文

平成二七年三月一六日（月曜日）、第一〇回の京都大学人文科学研究所TOKYO漢籍SEMINARを、一橋大学一橋講堂中会議場にて開催いたしました。平成一七年に第一回のセミナーを開催して以来、多くの皆さまに支えられて何とか続けることができました。この節目を迎えることができましたことを衷心より感謝いたしております。

さて、今回は「清玩―文人のまなざし」と題しまして三人の講演者がお話しいたしました。「清玩」とはあまり現代生活になじみのない言葉であるかもしれません。セミナーのポスターでは、次のように概要を説明してみました。

中国の文化にはぐくまれた「文人」たちは、古器古物など、かたちあるものを愛好し鑑賞する一面をもっていました。そのような鑑賞のことを「清玩」と呼びます。今回の漢籍セミナーでは、書物の世界から少しばかり離れて、中国宋代の文人から日本近代の文人にいたるまで、文人と文物との関わりを三名の講演者がそれぞれの角度からお話しいたします。文人は文物に対して、どのような「まなざし」をそそいだのか。それを手がかりとして、ものをたのしみ味わう人々の姿や、彼らの鑑賞を支えていたものの見方をご紹介いたします。

そして当日、次の三つの講演内容が提供されました。

岡村秀典「古鏡清玩―宋明代の文人と青柳種信」
髙井たかね演「李漁の「モノ」がたり―『閒情偶寄』居室・器玩部より」
稲本泰生「利他と慈悲のかたち―松本文三郎の仏教美術観」

岡村氏の講演は、中国の青銅鏡にまつわるものです。漢代以来、広く用いられるようになり、副葬品としても重要であった古鏡は、宋代・明代の人々の関心をひくようになりましたが、彼らの鏡に対する見方は一様ではなく、いくつかのアプローチがあったようです。岡村氏は、当時編纂された書物に基づいて、宋明の文人たちの鏡の見方を丁寧に説明し、さらに江戸時代の福岡にあって中国古鏡を探究した青柳種信の研究成果の紹介にまで説き及びました。

高井氏は、明末清初に生きた個性的な文人、李漁（一六一一―一六八〇）に焦点を当て、彼の著書『閒情偶寄』の紹介を行いました。この書物は、「文人趣味書」と称されるジャンルに含まれるとのことで、当時の文人の価値観を垣間見るのにうってつけのものです。高井氏は『閒情偶寄』のうち、「居室部」と「器玩部」という二つの部を紹介することで、李漁という人が生活空間に置かれるさまざまな器物に対してどのような意識を持っていたのか、如実に示しました。李漁のアイディアマンぶりが紹介され、会場は大いに盛り上がりました。

最期に話をした稲本氏は、わたくしどもの勤務する京都大学人文科学研究所とも関わりの深い、松本文三郎（一八六九―一九四四）の仏教美術観について弁を振るいました。京都帝国大学の学長をも務めた、インド哲学の大家でありますが、現在、その人柄や学問をよく知る人は多くないようです。稲本氏は、欧州留学やインド旅行を含む松本文三郎の経歴を詳しく追いながら、松本がどのように仏教美術をとらえたのかを論じました。仏像を鑑賞することひとつをとっても、時代や国家主義と無縁であり得なかった当時の状況が明らかにされました。

以上の三つの講演は、取り上げた対象も多岐にわたっており、分析の視角も多様でありました。人間の生活には、ものとの関わりが欠かせません。昔の「文人」たちは、ものとどのように関わったのか、三者三様の話題を楽しんでいただきたいと思います。

なお、本書の刊行に当たり、高井氏と稲本氏は、講演内容をさらに拡充した文章を執筆されました。セミナーに参加された方にも、されなかった方にも、三篇の文章をじっくりとお読みいただきたいものと願っております。

二〇一五年七月

古勝　隆一

目次

古鏡清玩

――宋明代の文人と青柳種信――

岡村秀典

中国古代の鏡は、主に銅・錫・鉛合金の青銅を用いて作られた。漢代には化粧道具としての鏡が庶民の間にも広く用いられるようになり、漢墓を発掘すると、小さい墓でも青銅鏡が出土する。日本の弥生・古墳時代にも大量の鏡がもたらされ、魏皇帝が倭（邪馬台国）女王卑弥呼に「銅鏡百枚」を下賜したことは周知のとおりである。

また、光かがやく鏡は天や日月の象徴とみなされ、一種の護符としても用いられた。このため鏡の背面には吉祥的な紋様や銘文があらわされ、青銅の神秘的な古色と相まって、近世以降、古鏡は賞玩の対象にもなってきた。

ここでは宋明代の文人による古鏡の蒐集と清玩について論じる。歴史学の視点から殷周青銅器の研究史を回顧した貝塚茂樹の『中国古代史学の発展』（弘文堂、一九四六年）は、「宋代における金文学の成立」、「清朝における文字学の一分科として金文学の完成」、「民国における古代史学の一分科としての金文学の成立」という章を立て、宋代にはじまる金文学が清・民国代に継承されたと論じている。鏡の銘文についても、これと同じような研究史をたどっている。しかし、古鏡にかんしては、金文学のほかにも、宋明代には自然科学と賞玩の二方面から関心が向けられていた。それらの著作は、いわば文人趣味の領域であるため、近代の歴史学や考古学などに継承されなかった。鏡を研究するわたしも、一〇年ほど前までは書名すら聞いたことがない著作がほとんどであった。ところが意外なことに、福岡藩の国学者であった青柳種信は、一八二二年に糸島の三雲南小路で大量に出土した鏡について報告するにあたり、同時代の金石書ではなく、これら宋明代の著作を渉猟して鏡の年代や特徴を論じていたのである。

そこで本稿は、まず宋代の金文学による正統の古鏡研究を概観した後、青柳種信の引用する漢籍を手がかりに、宋明代の文人にかかる古鏡関係の著作を再発掘し、江戸時代の国学に継承された異端の学統について整理してみたい。

第一節　古鏡の金文学

（1）北宋代の金文学

殷周時代の青銅器には、祖先をまつる酒器・食器や楽器などの礼楽器が多い。宋学として新たな展開をみせはじめた儒学は、中世の訓詁学のゆきづまりを打開し、本来あるべき礼制に回帰するため、古代の祭器や楽器を範として新しい礼器をつくることを推奨した。後漢の鄭玄『三礼図』を参考に、聶崇義は礼書にみえる礼器を図解する『新定三礼図』（九六二年）を編纂した（図1）。これに対して呂大臨は、宮廷や民間に収蔵する古銅器を調査して『考古図』全一〇巻（一〇九二年）をまとめ、出土品によって『三礼図』の誤りを正すことを試みた。呂大臨は張載より礼学を学び、道学をうち立てた程頤から礼書の整理をゆだねられ、みずから『易経』に注釈をほどこした学者である。そこでは銅礼器の見取図や銘文の拓本が描き起こされ、銘文が釈読されたほか、法量・所蔵者・出土地・器名や用途の考証など、考古学の基礎データが詳しく記録された（図2）。しかし、残念ながら、ここに古鏡は収録されていない。

宮廷の礼制改革の一環として編纂されたのが『宣和博古図録』である。それは宮中の宣和殿に集められた古銅器の著録であり、一一〇七年ごろ徽宗が黄伯思らに命じて編集し、一一二三年以後に王黼に命じて新収の銅器を加えたのが今日に伝わる『重修宣和博古図録』全三〇巻である（容庚「宋代吉金書籍述評」『慶祝蔡元培先生六十五歳論文集』下冊、国立中央研究院、一九三五年）。収録する銅器は計八三九器、『考古図』にならって殷周時代の銅礼器をおもに集成するが、その末尾の巻二八から巻三〇に漢代と唐代の古鏡一一二面を収録した。

徽宗は風流天子と渾名《あだな》されるほど書画・詩文に巧みで、全国から書画骨董を集めさせ、『宣和博古図録』のほか『宣和画譜』や『宣和書譜』など絵画墨跡の図録を勅撰した。また、道教に深く傾倒し、道観に多額の寄進をして、みずから教主道君皇帝を名のった。しかし、新旧両党の抗争に加え、その「玩物喪志」（『宋史』本紀の賛）が一因となって失政をまねき、金軍の侵攻による一一二六年の靖康の変で欽宗とともに金に拉致され、その地で亡くなった悲劇の君主でもあった。

黄伯思は『宋史』巻四四三文苑五に伝があり、字は長睿、六経・歴代史書・諸子百家・天官

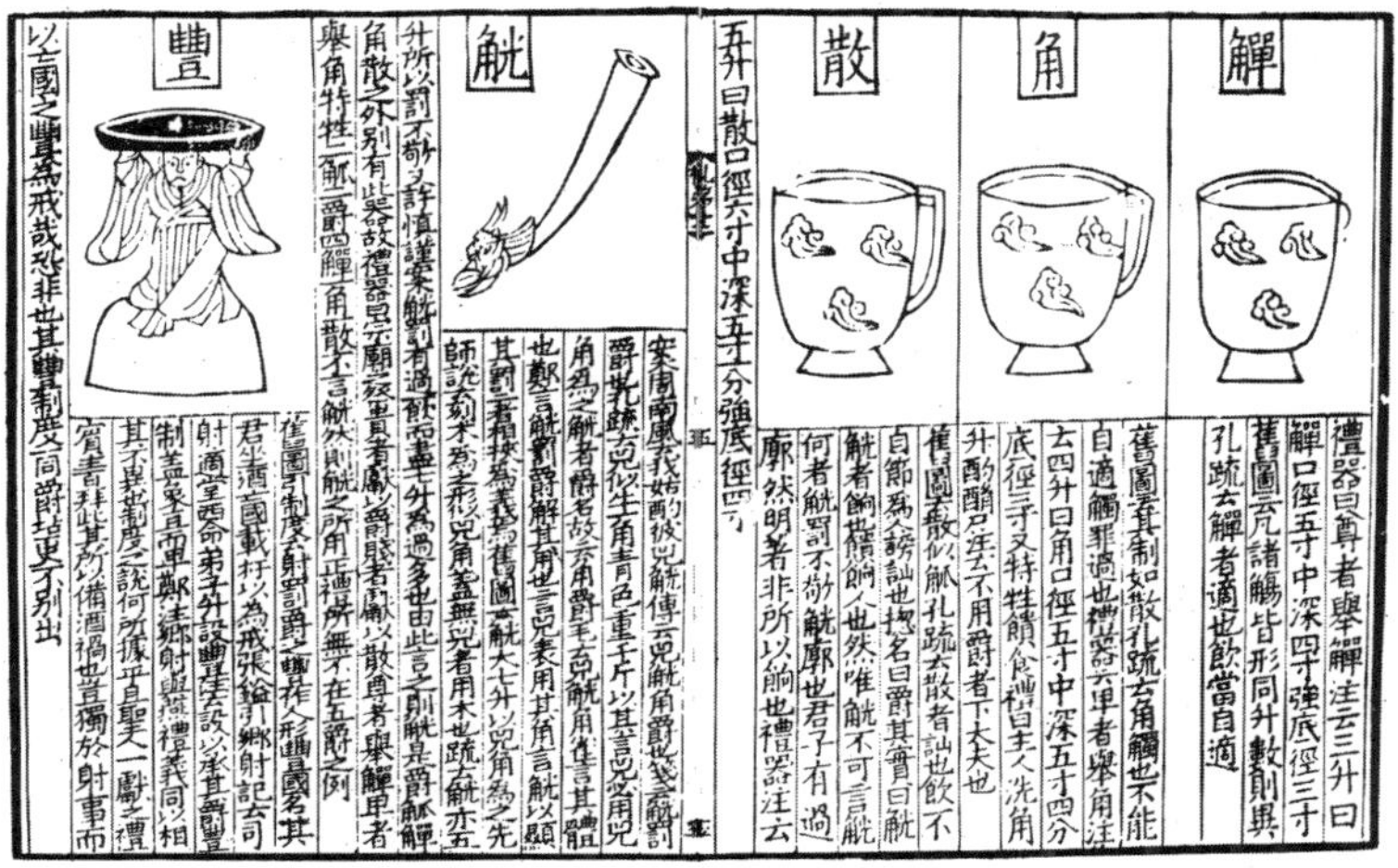

図１　聶崇義『新定三礼図』（962年）

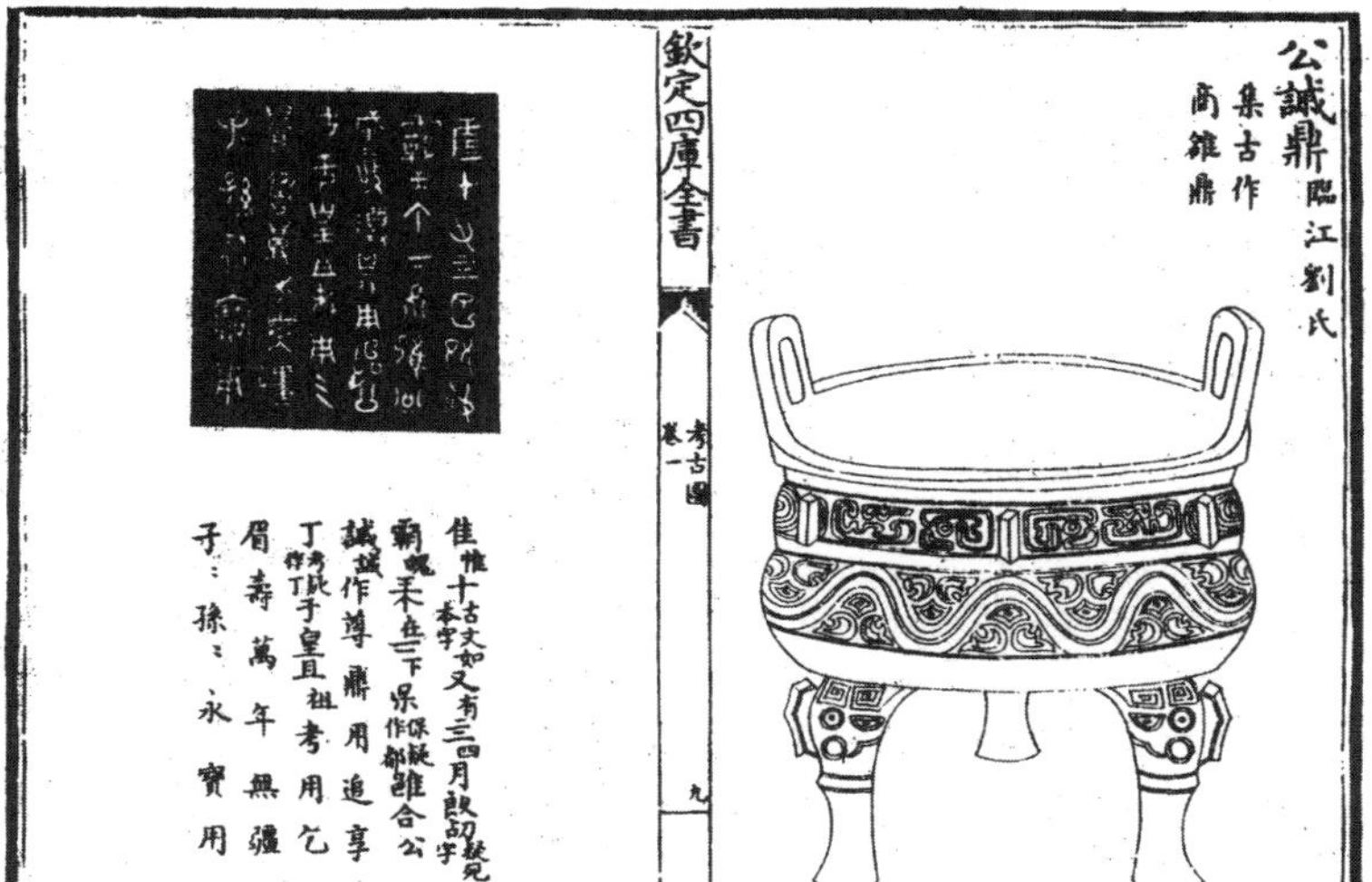

図２　呂大臨『考古図』（1092年）

地理・律暦・卜筮の説に通じ、また古文奇字に親しみ、道家をすこぶる好んだという。青銅器五二七点と印章四五点を収録した『博古図説』全一一巻や『古器説』全四二六篇を著し、のちに『宣和博古図録』の編纂にかかわった。黄伯思は一一一八年に没するが、遺稿集の『東観余論』全一〇巻（一一四七年）には「青羊作竟四夷服」銘の漢鏡と「仙山並照」銘の唐鏡を載せる。『古器説』はことごとく『宣和博古図録』に収録されたという容庚説にしたがえば、その巻二八「鑑総説」もまた黄伯思の著した可能性が高い。

その「鑑総説」は、中国を最初に統一した黄帝が一五面の鏡をつくったという故事から説き起こし、鏡が宇宙の象徴であることを論じる。『史記』の武帝紀と封禅書には「黄帝は首山の銅を採り、鼎を荊山の下に鋳る」とあるが、黄帝が鏡一五面を鋳造したというのは唐初の王度『古鏡記』がもっとも古い。隋の汾陰の侯生が臨終のとき門人の王度に贈った古鏡がそのうちの一面で、四霊・八卦・十二辰・二十四気の紋様があったと伝える。『博古図録』の基本思想は『易経』にもとづいて器物の具体的な形象を説くところにあり、巻一の「鼎総説」は冒頭が「周易の六十四卦には象あらざるなし」ではじまっている。それは天官地理・律暦・卜筮の説に通じ、道家に親しんだという黄伯思の思想にほかならない。

古鏡の名称を定めたのも『博古図録』が最初である。それは時代（漢／唐）＋紋様／銘文＋鑑で統一され、この命名法のほか、線画の描き起こし図、銘文の釈文、面径・重さ・銘文の字数などを記録することは爾後の模範となった（図3）。宋代に鏡を「鑑」と記すのは、太祖趙匡胤の祖父は趙敬といい、「敬」と同音の「鏡」字を忌み名として避けたからである。

古鏡の分類では、まず銅鏡と鉄鏡（鉄鑑門）とに大別し、銅鏡は乾象門・水浮門・詩辞門・善頌門・枚乳門・龍鳳門・素質門に細分した。すなわち、最初の乾象門は天地をあらわした鏡であり、神仙を表現する鏡もこれに含めている。最初に乾象門を配したのは、それが宇宙の大本であるからである。この天地創造に次ぐのが水であり、水浮門を設けた。朱子が「地は水のうえに浮かんで天に接する」というのも（山田慶児「朱子の宇宙論」『東方学報』京都第三七冊、一九六六年）、この宇宙観と通底する。第三の詩辞門は、美しい詠歌の銘文をもつ鏡、第四の善頌門は吉祥句、とくに「宜」字をもつ鏡である。第五の枚乳門は鐘の枚（乳）をほどこした鏡である。鐘の音が酒を美味にし、身体を健康に保つことにちなむという。孝養をつくせば、鳥獣草木の祥瑞があらわれる。第六の龍鳳門はそうした龍鳳・花鳥・海獣をあしらった鏡である。海獣葡萄鏡や八稜鏡など一一面の唐鏡を漢鏡と誤認している。第七の素質門は無紋の鏡である。『列子』天瑞の「それ有形なるものは無形より生ぜば、則ち天地はいずこよりか生ずる。故に曰く、太易あり、太初あり、太始あり、太素あり。太易はいまだ気を見《あら》わさざるなり。太初は気の始なり、太始は形の始なり、太素は質の始なり」を引いて「然らば則ち気変じて形あり。形具《そな》わりて質あれば則ち色あり。色はこれより起つなり。故に純質なるものを以てこれを終わる」という。有形なる天地にはじまり、無形なる純質に終わるという哲学を分類とその配列にあらわそうとしたのである。そして最後の第八門が鉄鏡である。いずれも隋唐鏡であり、銹のない良好な状態のため、伝世品の可能性が高い。

いっぽう古文の復興を唱道した欧陽脩は、みずからの思想を政治に実践する中で、金文と石刻の拓本に解説を加えた『集古録跋尾』全一〇巻（一〇六三年）を編纂した。また、欧陽脩とならぶ唐宋八家のひとり蘇軾は、一〇七九年に左遷されて斉安から黄州（両地ともいまの湖北省黄岡市）を過ぎたとき古鏡一面を入手した。かれはその銘文を「漢有善銅出自白陽取鋳為鏡清明而光左龍右虎輔之両傍」と読んだ。これはおそらく前漢末期の方格規矩四神鏡などにみえる「漢有善銅出丹陽。取之為鏡清如明。左龍右虎備四旁。」という七言句の銘文であろう。銅産地の「丹陽」を「白陽」と読むなど、いくつかの字釈はまちがっているものの、銘文に強い関心をもっていたことがよくわかる。そして、次のように解説する（蘇軾『仇池筆記』巻上）。

その字はマメのような大きさの篆体で、字形はたいへん精妙である。「白陽」はおそらく白水の北岸であろう。その銅地金は漆のような黒色である。人を照らすにはやや小さいが、古鏡はみな径が小さい。これは道家が形を（小さい鏡面に）集める方法であろう。

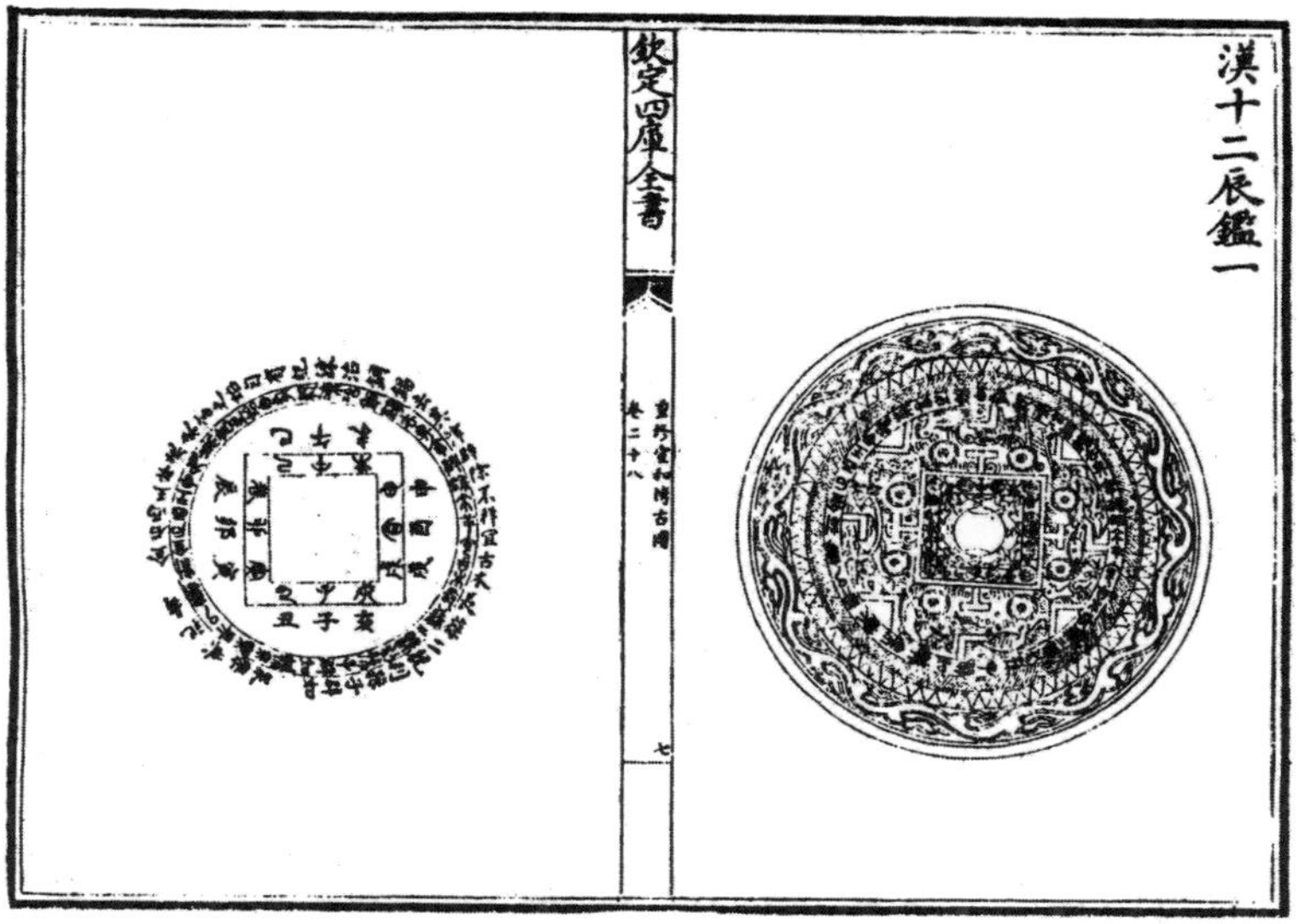

図３　徽宗勅撰『重修宣和博古図録』(1107年ごろ)

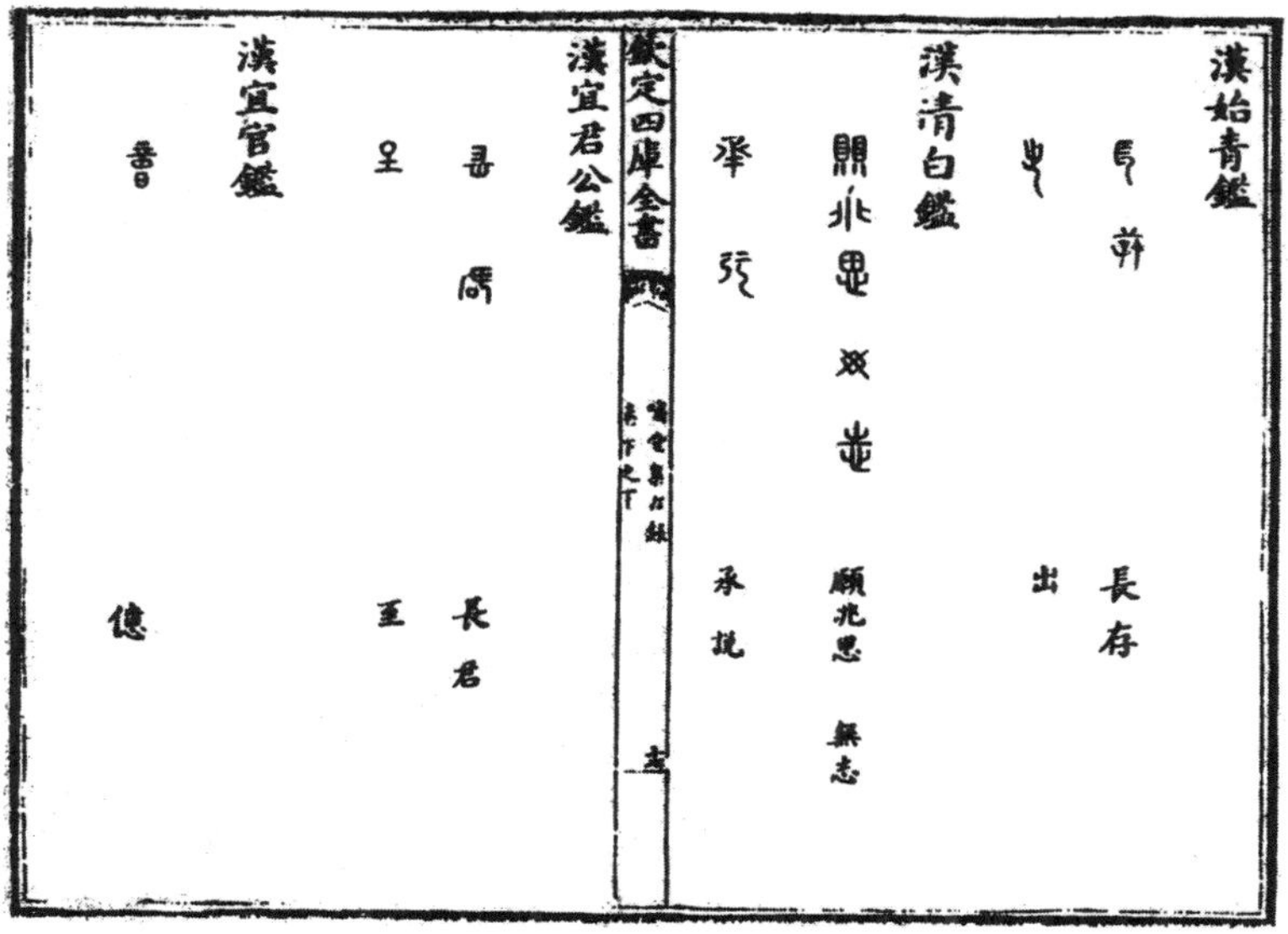

図４　王俅『嘯堂集古録』(1176年の跋)

蘇軾の関心は古鏡の色や大きさにも向けられ、それを道家の鏡と断じたのである。これまでの金文学で蘇軾がとりあげられたことはないが、かれは仏教や道教に傾倒し、書画や骨董にも造詣が深かった。蘇軾は中央において王安石や程頤らと対立し、しばしば地方官に左遷された。これは黄州流謫のときのエッセイであり、おそらくその古鏡を身近に賞玩していたのであろう。蘇軾にはまた自然科学にかんする『物類相感志』という著作がある。その「雑著」には青銅を鋳造したままでは硬くて脆いが、焼き入れすることによって強靱な性質をもつことが論じられている。蘇軾は理系の学問にも精通していた文人であった。

(2) 南宋代の金文学

北宋の公私コレクションは、靖康の変による金の略奪をうけて、ほとんど失われた。そのため南宋の金文学は、古銅器の実物を調査して図や法量など考古学データを記録することなく、たんに銘文を収録するだけである。『博古図録』を編集した黄伯思の著作を死後にまとめた『東観余録』(一一四七年)巻上はそのひとつで、「青羊作竟四夷服」銘の漢鏡と「仙山並照」銘の唐鏡を載せる。洪适『隷続』(一一六八～一一七九年)巻一四には、七言五句の「騶氏作四夷服」銘鏡二面と「李氏作竟佳且好」銘鏡一面の釈文と解説を記している。また、王俅『嘯堂集古録』(一一七六年の跋)下巻には漢鏡一三面の銘文の模写と釈文を収録している。漢十二辰鑑・漢清白鑑・漢長宜子孫鑑など、鏡の名称はいずれも『博古図録』にならっているが、釈文は不十分である。たとえば二〇字以上の銘文をもつ「清白鑑」の釈文は、「願兆思無志承説」の七字を釈読するだけで、命名の由来となった「清白」の部分は読んでいない。しかも鏡全体の図がないため、考古学研究にはほとんど役立たない（図4）。姚寛の随筆『西渓叢語』は、入手した画像鏡について「忠臣伍子胥」「呉王」「越王」「范蠡」「越王二女」の題記をもつ図像があることに注意しているが、それ以上の検討は進めていない。古鏡の研究は『博古図録』ではなばなしいスタートを切ったが、直後の混乱によって頓挫のやむなきにいたったのである。

しかし、宋代のパラダイムから古鏡研究をみると、それらは宋学の一翼を担っていたことに気づく。思想としての新しい儒学をめざす宋学は、仏教や道教の体系をとりいれて形成された。古銅器を調査した呂大臨や「漢有善銅」銘鏡を解説した蘇軾は『易経』に注釈をほどこした学者であり、『博古図録』を編集した黄伯思は漢鏡や唐鏡という時代区分とは別に『易経』に由来する宇宙の理法によって古鏡を八門に分類している。蘇軾が「漢有善銅」銘鏡を道家の鏡と解説し、黄伯思が道教文献を引いて「鑑総説」を説明したのも、道教の体系をとりこんだ宋学の思想と連関している。古鏡は歴史学の対象として研究されたのではなく、宋学の宇宙論を裏づけるものとして研究されたのである。

（3）古詩としての鏡銘の収集

徽宗勅撰の『博古図録』にはじまった鏡銘の研究は、その後しだいに下火となっていった。しかし、古代の詩文に対する関心が明後期に高まる中で、漢鏡の銘文がふたたび文人たちによってとりあげられるようになった。楊慎『丹鉛総録』巻八・張之象『古詩類苑』巻一一五・馮惟訥『古詩紀』巻一五六は「古鏡銘」として『博古図録』から漢唐鏡の釈文をいくつか採録している。たとえば、それぞれ冒頭に「漢有善銅出丹陽。和以鉛錫清如明。左龍右虎尚三光。朱雀玄武順陰陽。」という釈文をあげ、三書とも、

東坡は「清如明」の「如」は「而」という。『左伝』の「星隕如雨」の例のごとし。

という同じ注を加えている。この三書の先後関係は不明ながら、『博古図録』はもとより、蘇軾の『仇池筆記』などの随筆にも広く目を通していたのである。

やや後出する梅鼎祚『東漢文紀』巻三二は、これら同時代の著作を比較しつつ、鏡銘に対する独自の見解を述べている。たとえば『博古図録』が冒頭にあげる「漢十二辰鑑」の銘文について『古詩類苑』は、

名言之始自有紀、錬冶銅錫去其滓、辟除不祥宜吉水、長保二親利孫子、辟如仙衆楽典祀、
寿此金方西王母

と釈したのに対して、梅鼎祚は「錬冶銅錫去其滓」を起句と考え、「名言」を「飛来言」、「宜吉水」を「宜古木」、「保」を「葆」と釈している。人文研の共同研究「中国古鏡の研究」班の釈読（『東方学報』京都第八四〜第八八冊、二〇〇九〜二〇一三年、以下「集釈」と略称）によれば、その銘文はおそらく集釈四二九・四三〇に相当し、

桼言之始自有紀。湅冶錫銅去其宰。辟除不祥宜古市。長葆二親利孫子。辟去不羊宜賈市。
寿如金石西王母。

と復元される。梅鼎祚はまた『博古図録』の「漢冊礼鑑」の

吾作明鏡、幽湅三商、周刻典祀、配象萬疆、自身康楽、万福攸同、百清並友、福禄宜祥、
富貴安寧、子孫蕃昌、増年益寿、与師命長

という釈文をあげ、その「三商」について同時代の徐献忠『金石文』の説を引いて、

古の冶鏡は金気の盛んなるを取り、錬るに三歳、或いは三月を以てし、周の乾坤五五の数を以てする故に「三商」と曰う。

と考証している。この「三商」については、清代の畢沅・阮元『山左金石志』が『儀礼』士昏礼の鄭玄注に「日入三商為昏」とあり、賈公彦疏に「商」を「商量」すなわち漏刻の名としていることから、銅精錬の時間を示すものとみなした。しかし、「三商」は鏡銘で「廿七商」・「九章」・「宮商」などの語と置換することがあり、「合湅白黄」・「百錬清銅」などの類似句があることから、スウェーデンの言語学者カールグレンは五行で「商」は「金」で「三商」は「三つの金属」すなわち青銅鏡の主要原料である銅・錫・鉛を指すと指摘した（Karlgren, Bernhard, Early Chinese Mirror Inscriptions, *Bulletin of Museum of Far Eastern Antiquities*, No.6, 1934）。今日ではこのカールグレン説が支持されている。

なお「漢冊礼鑑」の銘文は、おそらく集釈七三三・七三四に近いパターンであり、

吾作明鏡、幽湅三商。雕刻無祉、配像万彊。白牙挙楽、衆神見容。百精並存、福禄是従。
富貴安寧、子孫番昌。曽年益寿、其師命長。

と復元される。さらに梅鼎祚は「漢尚方鑑銘」において、

『博古』は「神人鑑」に作る。「上」は即ち「尚」なり。

と注し、「上方」は「尚方」の仮借としている。これらは次の清朝考証学につながる注釈と評価できるだろう。

以上のように明後期には、おおむね『博古図録』にしたがいながら、古詩としての鏡銘に関心が向けられた。それは清朝考証学の萌芽として評価できるものの、実物にあたって銘文を正確に読むという姿勢が欠如しており、古鏡を本格的に研究するにはいたらなかった。

第二節　古鏡の科学

（1）北宋の沈括『夢渓筆談』

中国のルネッサンスと呼ばれる宋代において、金石学と同時に自然科学の研究がはじまった。本草学・音楽・天文暦法・水利・軍事など実学の面で王安石の新法を推進していた沈括は、晩年にそれまでの経験をふまえた随筆の『夢渓筆談』を著した（梅原郁訳注『夢渓筆談』平凡社東洋文庫、一九七八年）。そこには自然科学にかんする分析が豊富だが、考古学にかかわる事象も少なくなく（夏鼐「沈括和考古学」『考古』一九七四年第五期）、鏡については三か条の分析がある。

まず巻三「弁証」には凹面鏡（陽燧）の光学的現象について次のように論じている（図5）。

陽燧に物を照らすと、その映像はみな倒立する。それは中間に焦点があるからである。科学者はこれを「格術」という。人が舟の艪をこぐとき、艪べそが礙（支点）になっているのと同じである。あるいは鳶が空を飛ぶと、その影は鳶につれて移動するが、もし中間に窓隙（ピンホール）があって光線が絞られると、像は鳶と反対方向に動き、鳶が東にゆけば像は西に、鳶が西へゆけば像は東に動く。また、たとえば窓隙を通る高楼や塔の影も、中間で窓隙に絞られて、やはりすべて倒立することは、陽燧のばあいと同じである。陽燧は鏡面が凹み、指を一本近づけて映すと正立し、しだいに遠ざけると見えなくなり、それを過ぎると倒立する。その見えなくなるところが、ちょうど窓隙や艪べそのように腰鼓状に交差して礙（焦点／支点）を作り、両端が反対に相い向かい、艪をこぐ形ができあがるようなものである。だから手を挙げるにつれて像はますます下がり、手を下げてゆくと像はますます上ってゆく。これでその理屈がわかるだろう。陽燧は鏡面が凹み、太陽に向けて照らすと、反射した光はみな内側に集まる。鏡面から一、二寸離れたところで、光は一点に集まり、大きさは麻の実ぐらいで、物に当てると発火する。これが腰鼓の最も細いところ（つまり焦点）である。（第四四条）

凹面鏡に遠くの物体を映すと、鏡の映像（影）が逆になる現象については、すでに戦国時代の『墨子』経説下にみえる。沈括は舟の艪を例に、凹面鏡の焦点と映像との光学的原理を説明する。すなわち、凹面鏡に指を近づけると、焦点内の映像は正立し、焦点外では倒立する。また、凹面鏡の陽燧は焦点距離が一～二寸で、そこに日光を集めて火を起こしたことを指摘する。陽燧の実例として先秦時代の凹面鏡や朝鮮青銅器文化の多鈕鏡などがある。沈括がそれを知って実験したのか、それとも古典籍からの知識であったのかは、残念ながらわからない。

漢鏡のほとんどは凸面鏡であるが、巻一九「器用」はそうした古鏡をとりあげ、その光学的性質について分析している。

むかしの人は鏡を鋳造するときに、径が大きければ平らな鏡面にし、径が小さければ凸面の鏡に作った。およそ凹面の鏡であれば、人の顔を大きく映し、凸面の鏡であれば、人の顔が小さく映る。小さい鏡では顔の全体をみることができないから、鏡面をわずかに凸面にして、顔が少し小さく映るようにしたのである。したがって、鏡は小さくても人の顔全体を収めることができる。このように鏡の大きさを考え、鏡面の彎曲度を加減し、人の顔と鏡の大小とがいつも釣り合うようにしていたのである。これこそ工匠の巧みな智恵であり、後世の人のできないことである。ちかごろでは、古鏡を入手すると、すべて鏡面を磨いて平らにしてしまっている。(第三二七条)

鏡面が平らであれば、人の顔と同じ大きさの像が鏡に映しだされる。古鏡がなぜ凸面になっているかといえば、手のひらに載るような小さな鏡でも、顔の全体を鏡に映し出すことができるからである。それは古代人の智恵である、と沈括はいう。わたしたちがふだん身だしなみを整えるのに使っているのは、ガラスの背面に銀膜を貼った平らな鏡だが、身近なところで用い

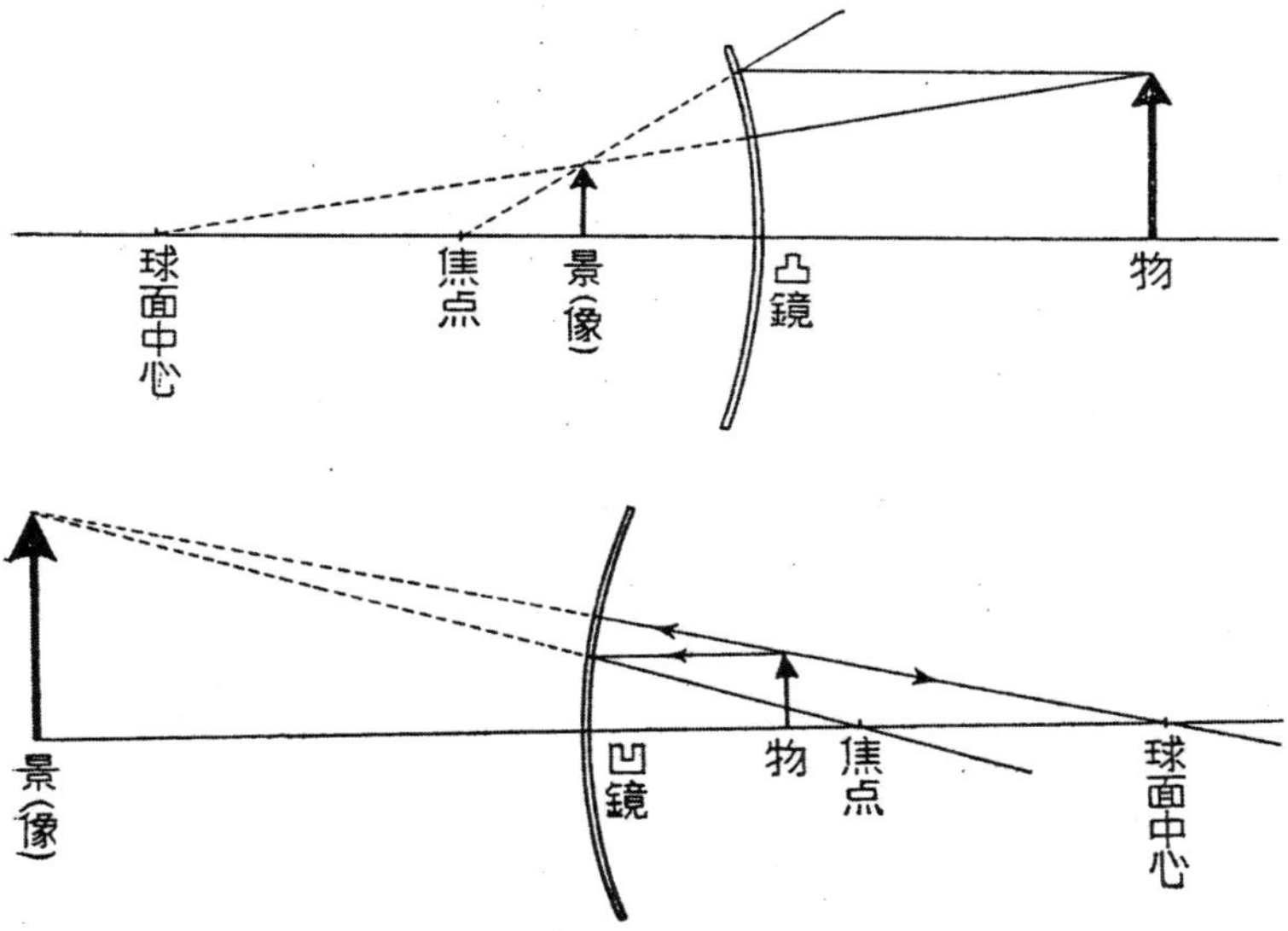

図５　凸面鏡と凹面鏡の原理（夏鼐「沈括和考古学」『考古』1974年第５期）

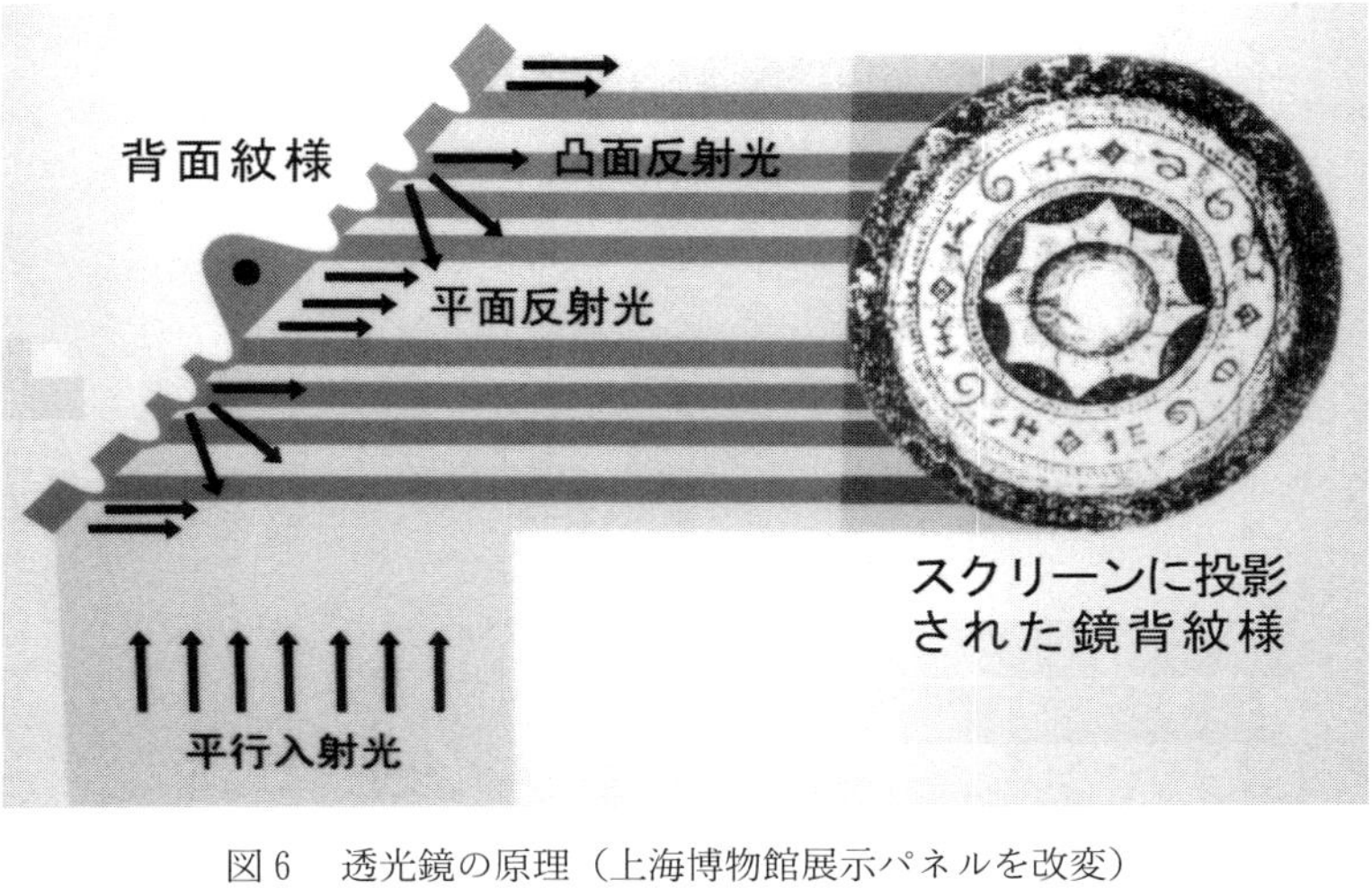

図６　透光鏡の原理（上海博物館展示パネルを改変）

られている凸面鏡としては、道路の曲がり角や交差点などに設置されているカーブミラーがある。比較的小さい鏡面でも見通しの悪い死角まで広く映し出すことができるため、ドライバーの安全確認に役立っている。

古鏡について今日の知見からみると、前漢前期までは鏡面がおおむね平らで、前漢中期ごろから少しずつ凸面になっている。凹面鏡の映像が倒立することは『墨子』巻四一経説下にみえ、戦国時代から鏡の光学的特徴について検討されていた。その中で漢代に顔の全体を映し出す凸面化の工夫が進められたのではなかろうか。

古鏡には、鏡面に強い光を反射させて壁に映すと、背面の紋様が投影される鏡がある。中国では透光鏡、日本では魔鏡と呼ばれる。魔鏡とは、明治時代に来日した欧米人が、隠れキリシタンの間に伝わる鏡をみてマジックミラーと呼んだのがはじまりである。この透光鏡について沈括は次のように論じている。

世に透光鏡というものがある。鏡の背面にはおよそ二〇字の銘文があり、とても古い字で読むことができない。鏡で日光を受けると、背面の紋様と銘文はすべて屋内の壁面にくっきりと透けて浮かびあがる。その原理を調べた人があった。鋳造のとき、薄い部分は早く冷えるが、ただ背文のやや厚いところは後れて冷えて銅の収縮度が大きい。紋様は背面にあるとはいえ、鏡面にもそれとはなく跡ができる。そのため日光に当てるとあらわれるのである。わたくしのみるところ、理屈としてはまことにその通りであろう。しかし、わたくしの家にある三面の鏡や、ほかの家に所蔵されている鏡をみると、すべて同じタイプで、紋様と銘文はまったく違うことなく、形やつくりはきわめて古い。ただこの一群の鏡だけが光を透し、そのほかは非常に薄いものであっても、どれも透さない。思うに、むかしの人はきっと何らかの技術を用いたのであろう。（第三三〇条）

なぜ背面の紋様が鏡面の反射光で投影されるのか。それは鋳造と関係があり、背面紋様の凹凸による厚みのちがいが、鋳型に流し込んだ銅湯が冷却するときの収縮にわずかな差を生じ、目にみえない鏡面の凹凸となってあらわれる、と沈括はいうのである。そのような透光鏡は、唐初の王度『古鏡記』に記述があり、清代まで実例が散見する（夏鼐前掲）。沈括の私蔵する透光鏡三面、ほかの家が所蔵する透光鏡も同じ型式で、いずれも二〇字ほどの銘文があり、古風な字形で読めないというから、前漢後期の異体字銘帯鏡であった可能性が高い。上海博物館で実験した透光鏡も、そうした異体字銘帯鏡であった（陳佩芬「西漢透光鏡及其模擬試験」『文物』一九七六年第二期、**図6**）。江戸時代の隠れキリシタンが所持した魔鏡のように、漢代のそれが意図的に製作されたか否かはともかく、漢代にも透光鏡が存在した可能性はあるだろう。

（2）明末における古鏡の鋳造技術研究

沈括以後、自然科学的な研究はしばらく跡を絶っていたが、明末にいたって西洋文明の刺激もあって、実学を重んじる精神がふたたび高まった。金属の精錬や鋳造にかんしては、以前から道家の中に錬金術や本草学に深い関心をもつ文人があり、李時珍の『本草綱目』（一五九六年）はそうした伝統的な本草学の集大成である。

明末の宋応星『天工開物』（一六三七年）は、儒学の立場から『周礼』考工記などにみる伝統的な技術を整理しようとしたものであり（吉田光邦『中国科学技術史論集』、日本放送出版協会、一九七二年）、鏡の鋳造技術については、その中巻に次のように論じている。

およそ鏡を鋳造する鋳型には灰沙を用い、銅には錫を混ぜて合金にする。また『考工記』には「金錫相半ばす、之を鑑燧の斉と謂う」という。鏡面が光輝いているのは、水銀を鏡面に塗っているからであり、銅に光明があるために輝いているのではない。唐・開元年間の宮中の鏡は、すべて白銀と銅とを等分して鋳造している。鏡それぞれ銀数両の価格になったのは、このためである。朱砂の斑点は、金や銀の精華が発現したものである。

灰沙とは、鋳型の土が灰のように細かい泥砂であろう。銅鐘の内型は石灰と三和土、外型は細土と木炭末を用いて蠟型で鋳造し、鉄鐘や鉄釜は内型・外型とも土を用いるという（吉田前掲）。鏡の鋳造に灰沙を用いたのは、細かい紋様をあらわす必要からであろう。

明末の方以智『物理小識』（一六六四年）は『天工開物』につづく科学技術書で、その巻八には「陽燧倒影」「鏡光」「鋳法」「鏡背紋」という項目を立てて古鏡を分析している。「陽燧倒影」は『夢渓筆談』を踏襲し、「鏡光」は類書にみえる古鏡の神秘的な力を列挙する。これに対して「鋳法」は鏡の鋳造技術について論じたものである。

錫と銅を調和して溶かし、これを鋳型に流し込めば、極めて堅くなる。世間では秦鏡は白銅という。古詩に青銅鏡とあるのは、同じように錫を含むが、錫を水銀に溶かし、それぞれが分離しないよう急いで銅を入れると、もっとも明るくなる。『考工記』にいう「鑑燧の斉」である。今升が記しているのは、これである。今日の鏡の研磨剤は、錫のアマルガムである。錫のアマルガムは、鋳造した銅の光沢を増すのに有益である。

『天工開物』と同じように、銅に錫を混ぜた合金が『周礼』考工記の陽燧であるとする。「令升」は晋の干宝。干宝の『捜神記』巻一三には、五月丙午の日中に陽燧を鋳造するという。秦鏡を白銅質とみなし、錫を水銀に溶かしたアマルガムで鏡を磨いたという。青銅鏡の鏡面は曇りやすく、常に磨いておく必要があったからである。つづいて「鏡背紋」にいう。

世の中には太陽光に当てると鏡背の盤龍紋が現れ、室内に入れて暗くすると紋様が消えるものがある。鏡背に花のような青い斑紋があり、その原因を理解した人はおらず、みな珍宝だと思っていた。これは作者が精製した銅原料を少しばかり用いて先に鏡を鋳造し、龍や花の紋様を刻み、錫を倍にした銅原料を溶かしてその背面にふたたびこの紋様を填め、磨いて平らにし、鉛を用いてその表面を覆ったからだろう。このため太陽光にこれを照らすと、龍文は完全にあらわれるのである。沈存中（沈括）のような博識でも、これを透光の不思議といぶかっている。わたくしは広くこれを検討し、その知恵を明らかにした。

沈括『夢渓筆談』が鏡背紋の凹凸、つまり鏡体の厚薄による鏡面のわずかな凹凸が透光鏡の原因になったと考えたのに対して、鏡体に刻んだ紋様に錫の多い銅を流しこみ、鉛でその面を覆うと、表面にはその紋様があらわれないものの、強い光を当てれば紋様があらわれる、と方以智はいうのである。しかし、成分のちがう二種類の銅合金を用いて鋳造した鏡の実例はなく、透光鏡の原理については沈括説が妥当であろう。

第三節　古鏡の清玩

古銅器に対する関心は、金石学の勃興をうながしただけでなく、南宋代の退廃的な風潮の中で書画骨董・文房具に対する文人たちの趣味が高じ、古銅器の鑑識がさかんに論じられるようになった。それは同時代にしばしば「玩物喪志」と揶揄されたが、濱田耕作「支那の古銅器に就て」（『国華』第一六三号、一九〇三年）が注目したように、南宋の張世南『游宦紀聞』（一二二四年または一二三三年）や趙希鵠『洞天清録』（一一九六～一二四二年のできごとを記し、『洞天清禄集』と呼ぶテキストもある。中田勇次郎『文房清玩』Ⅰ〔二玄社、一九六一年〕の解説を参照）は、青銅器の蠟型鋳造（失蠟）法や贋作の方法について論じ、古銅器の鑑定についても考古学が参考にすべき内容をもっていた。これまでの古銅器の研究史ではほとんど看過されてきたが、文人趣味の傾向をもつ江戸から明治時代の考古学者に少なからず影響を与えてきた。たとえば、銅色の識別について『洞天清録』は次のようにいう。

銅器は千年も土中に埋もれていると、表面が純青翠を敷きつめたような色になる。それも午前はやや淡い色だが、午後は陰気に乗じて翠色が潤い滴るばかりになる。ときには土に腐食されたところがあり、穴が空いたものがあれば、表面が剥離してカタツムリのはったような自然な趣がある。もし斧や鑿で削った痕があれば、それは偽物である。

銅器が千年も水中に浸かっていると、純緑色で艶やかな玉のようである。千年にみたないものなら、緑色であっても光沢がない。その腐食しているところは上と同じである。

今の人はみなこの二種類で軽くなった銅器を古いとみなしている。器が大きくて器壁の厚いものは、銅の地金がまだ完全になくならず、重さが三分の一ばかり減ったものや、半分に減ったものがある。器が小さくて薄いものには、銅の地金が水中や土中で変質してもろくなっても、掘り出されたときに鋤で撃破されたところに、銅の地金が露われないという例をみたことがない。ただ翠緑色が芯までおよんでも、その中に一筋の丹のような紅色が残っているものがあり、叩けばなお銅の音がするのである。

伝世古というのは、水中や土中に入ることなく、ただ世間に流伝している銅器である。紫褐色で朱砂の斑紋がある。はなはだしいものは、その斑紋が凸起して上等の辰砂のようになっている。これを釜に入れて沸湯で煮ると、しばらくすれば斑紋がますますあらわれてくる。贋作のものは漆に朱を混ぜて斑紋を作っているから、判別しやすい。

千年以上も土中に埋もれた古銅器は純青色の「土中古」、千年以上も水中に浸された古銅器は玉のような純緑色の「水中古」を呈し、ともに自然な銹の腐蝕がみられる。伝世の古銅器は紫褐色の「伝世古」を呈し、朱砂の斑紋がある。このような色調や銹の状態から古銅器と偽物とが判別できるというのである。それにしても、古銅器を沸騰した鍋で煮立て、着《つ》け銹《さび》か否かを判別するというのは、ずいぶん乱暴な鑑定の方法である。

この三種の銅色は、古銅器一般について書いたものだが、古鏡について『洞天清録』は次のような実例を報告している。

> 道州（いまの湖南省道県）の人は舂陵《しょうりょう》侯塚にて一古鏡を入手した。背面に菱花の紋様が四組あり、極めて精巧である。その鏡面と背面には水銀を用いている。それは今の所謂る磨鏡薬である。鏡の色はやや暗いけれども黒くはなく、青緑色になって腐食したところはない。これは西漢時代の遺物である。土中に千余年も埋もれていても、その銅は変質していない。まことに青緑や腐食のある古銅器は、三代（夏殷周）にさかのぼる遺物でないと、その特徴がみられないことがわかる。

趙希鵠は長沙の地方官をつとめ、「余は瀟湘を遡り、衡・潭・永・金・道の五郡を歴た」と記すことから（中田勇次郎前掲）、舂陵侯塚の実地を調査した可能性が高い。舂陵侯は武帝の元朔元年（前一二八）に長沙王の子の買《ばい》が零陵郡冷道県の舂陵郷に封じられ、元帝のときに南陽に移された（『漢書』王子侯表第三上）。後漢の光武帝は、この南陽舂陵侯の劉氏一族である。その墓を舂陵侯塚とする地元民の伝承をもとに、趙希鵠は出土鏡を前漢代に比定し、色や銹の状態からそれを裏づけようとした。舂陵侯塚の伝承はもとより疑わしく、鏡背に四組の菱花紋をもつ鏡としては、前漢鏡よりも戦国後期の楚鏡をあてるべきであろう（図7）。しかし、その差はわずか一〇〇年ほど、まったく的がはずれているわけではない。磨鏡薬とは、前段の「偽古銅器」に「その方法は水銀を用いて錫のアマルガムを混ぜる。すなわち今の磨鏡薬これなり」という錫メッキのこと。鏡は礼楽器に比べて銅合金における錫の割合が高く、とくに湖南省のように地下水位の高いところでは、水銀色のまま安定した出土鏡が少なくない。千年あまり土中に埋もれていたのに、この鏡は「土中古」を呈することなく、銹の腐蝕もみられない。趙希鵠はこの矛盾に気づいていたようだが、三代の古銅器ではないから青緑・剥蝕がみられないと結論づけたのである。

この問題にかんして明の曹昭『格古要論』（一三八八年）巻上は、三種の銅色に「蠟茶色」と「黒漆色」を加えていう。

この三種の銹色は最も貴重である。ほかに蠟茶色のような銹や、黒漆色のような銹がある。

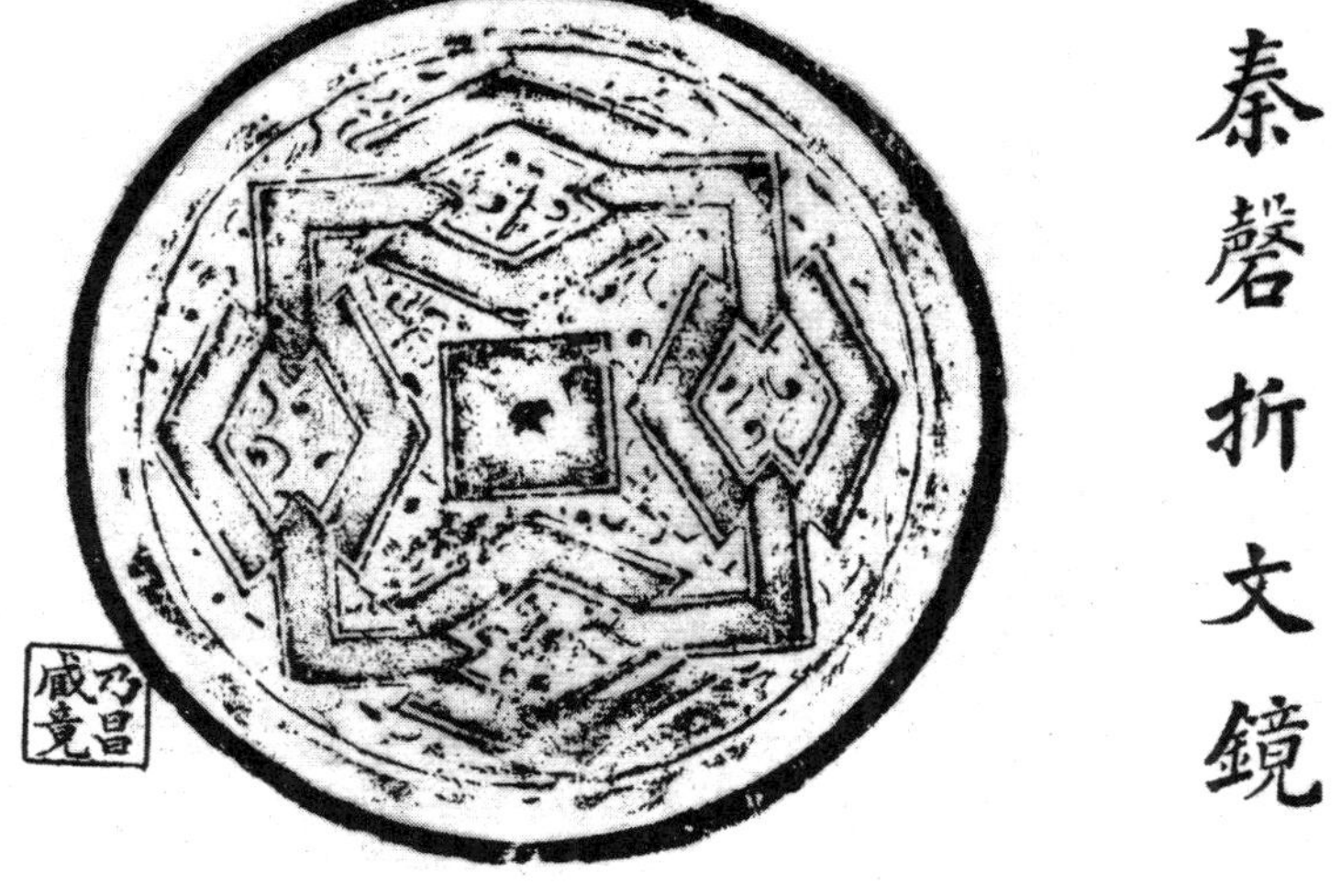

図７　菱花紋鏡（劉体智『小校経閣金文拓本』1935年より）

左鏡背篆文頗難識其中有的的外篆十二支間錯飛鳥外篆此四十二字又外環繞猛獸皆極細

文獸之外又細文凡四層總徑八寸面雖蝕痛而明處尚可數髮背面皆翡翠之色艷艷可愛惜不可以開磨施之宗陽鐘內大抵秦漢間物也

七修類稾卷四十一　事物類　三

左鏡厚八分徑尺餘自邊至的凡七變文藻而第四層乃正書三十七字的極偉諺云唐大鼻也眞水銀古物背亦光采奪目面無纖毫斑蝕宛如新磨據五月五日之文并鼻必揚子江心之鏡無疑況水族眞有所謂盤龍飛動之勢今但模以一二形像而已今在友人王蔭伯家然其文載之東觀餘論但璘作瑞舞作儛精作情黃長睿直以爲唐鏡而不知江心鏡也唐以五月五日揚子江金山鼓鑄又曰辟邪鏡山在水中故曰仙山江水周流

図８　郎瑛『七修類稾』巻41

この二種は水中や土中にあった時代が近いため、銹が美しいとはいえ、芯にまでおよぶことがなく、また光沢や潤いがない。この両種は前の三種より劣っている。かつて西漢時代の銅銭について考察したが、今日まで一千五百年あまり経っているとはいえ、青緑色であるとはいっても艶が少なく、また朱砂斑の隆起するものもない。漢印もまた同じである。

舂陵侯塚の古鏡は、この黒漆色に近い状態であったのだろう。曹昭は「土中古」「水中古」「伝世古」の三種より劣る銅色に蠟茶色と黒漆色があり、銅器の内部まで腐蝕がおよんでいないという。しかも漢代の銅銭や銅印は、青緑色を呈しながら艶が少ないという。「土中古」「水中古」「伝世古」については『洞天清録』を支持しつつ、二種の銅色を加えることで問題を解決しようとしたのである。

これに対して明の高濂『遵生八牋』(一五一九年)巻一四は、『格古要論』の説は古銅色の一般論であって、すべての古銅器に適応できるものではないと批判し、次のようにいう(弦雪居重訂本による)。

そのように「土中に入れば青色、水中に入れば緑色」というのなら、その水銀色や褐色・黒漆古のものは、どのような土地に埋もれたのであろうか。およそ夏殷周三代の古銅器は、土中に埋もれた時代が古く、山や丘陵に近いものは多くが青色で、山の気が湿って蒸し暑い状態のために青色をなすのである。河や泉に近いものは多くが緑色で、水気に浸されて湿潤なために緑色をなすのである。

ある器をわたくしが見たところ、それには三代の銘文があり、器の半分は水に浸った時間が久しく、水の涸れた痕と浸った痕とが数層あり、これが水中に入っていたことは疑いない。器体は純青色を呈し、水に浸かった内底は方一寸で、少し黄緑色になっている。したがって水土（青緑色）の説は、すべてが該当するとは限らない。

わたくしが考えるに、鋳造の時に銅質が精良で不純物のないものは、青色を呈することが多く、銅質の悪いものは、緑色を呈することが多い。これを白金にたとえると、美しい色をなすに十分なものは、鋳造時は純白で、時間が経つと黒色を呈し、色が不十分なものは、時間が経つと赤色になったり緑色になったりする。これは質を論じて形を論じたものではなく、その原理は十分に推測できよう。

古銅器の色や銹の状態は、埋まっている環境や銅質によって変化し、土に久しく埋まっているばあいでも、乾燥した山地や河川に近い湿潤なところ、乾燥と湿潤とがくり返されるようなところがあって、一概に論じることができないというのである。これは正論である。しかし、広い中国のこと、乾燥した北中国と湿潤な南中国とでは、大局的にみれば、出土した古銅器の色や銹にちがいがあり、北中国では「土中古」、南中国では「水中古」や「黒漆古」が多く、ある程度の識別ができることもまた事実である。近年では古鏡の出土地を、銹の色や状態をもとに、たとえば山東南部や安徽北部といった小地域ごとに区別できるというコレクターもあらわれている。

古鏡の副葬と色との関係について高濂の『遵生八牋』は、つづいて「水銀古」を設定し、以下のように論じている。

このほかにも古墓中の遺体に近い古銅器は、水銀色を呈している。その水銀色は、また二種に分かれ、銀色と鉛色とがある。その多くは鏡である。むかしは水銀を遺体に用いて埋葬したが、あの世の死者には参列者それぞれが鏡を遺り、埋葬にはその鏡を副葬した。鏡は幽冥を照らす意味があるからである。

このため銅質の精良な鏡は、先に水銀に染まり、時間が経つにつれて芯に浸透し、全面が銀色を呈して千古の亮白が得られるのである。これを「銀背」という。それは先に遺体の血の汚染を受けて始めて水銀の浸透を受けるからである。

鏡の銅質に不純物があれば、鉛のような色になり、時代が古くても曇った色になる。これを「鉛背」という。そのほか半水銀・半青緑・朱砂堆というものがある。先に遺体の血肉の腐敗によって半分だけ水銀の影響を受け、日月が経つと「青緑」に醸成する。血肉の汚染を受けない残りの半分は、水銀色に染まる。このため一面の鏡でも背面に二色が雑じるのである。

今の鏡は「銀背」を上等となし、「鉛背」はこれに次ぎ、「青緑」はその次である。また「鉛背」の鏡で土中に埋まる年月が久しいと、ついに純黒色に変化して「黒漆背」となる。この鏡の価格は高いけれども、この色は非常に簡単に真似できる。

古銅鼎・甗・尊彝においても、また水銀色のものがあるのはなぜだろうか。それは墓中において水銀が発散する気の影響を受けているからである。このため古銅器の一角・一耳・一旁だけ水銀色になっている。ある古銅器は、地面の近くに水銀が生じるところがあったため、水銀色になっている。全体が水銀色を呈した鼎や彝器はなく、鍾や磬であれば万に一、二もないからである。

埋葬に水銀を用いたというのは、丹ともいう水銀朱のまちがいか、あるいは秦始皇陵の墓室に機械で水銀をめぐらせ、天下の河川と大海をあらわしたという『史記』秦始皇本紀の記事にもとづく憶説であろう。秦始皇陵をのぞいて、そのような実例は今日にいたるまで発掘されていないからである。しかし、漢代では遺体の近くに鏡を副葬する風習が盛行し、水銀色をなす鏡が多いことは事実である。「水銀古」が純黒色の「黒漆背」と混じったような漢鏡も少なくない。古鏡の「水銀古」は、おそらく鏡が錫の多い白銅質であるところに理由があり、墓中で水銀に染まったからではなく、「銀背」と「鉛背」についても血肉の汚染とは無関係であろう。埋まっている土中の状態によって、さまざまな銅色が生じたことは確かであるが、その原因を一様に考えることはむずかしい。また『周礼』考工記は、鍾鼎・斧斤・戈戟・大刃・削・殺矢・鑑燧という青銅器の種類ごとに銅と錫の合金比がちがっていたことを記し、それは理化学の成分分析によっても、あるていど追認されているから、合金成分のちがいも考慮すべきであろう。

古銅器の清玩にあっては、金石学とちがって銘文の釈読にはほとんど関心をもたれなかった。ただし、その款識については、それが時代の特徴をあらわし、真贋の判別にも有効なため、一定の注意が払われた。たとえば『洞天清録』は次のようにいう。

夏は鳥跡篆を用い、商は虫魚篆を用い、周は虫魚篆と大篆を用い、秦は大篆と小篆を用い、漢は小篆と隷書を用い、三国は隷書を用い、晋・宋より楷書を用い、唐は楷書と隷書を兼ね用いた。夏商周三代は陰識を用い、これを偃囊字という。その字が凹んでいるからである。漢よりこのかたは、ときには陽識を用い、その字は凸起している。なかには凹むものがあり、あるものは刀を用いて碑文を彫るように刻んでいる。陰識を鋳造であらわすのはむずかしいが、陽識は簡単である。陽識はけっして三代にさかのぼるものではない。識の篆字は、それで功績を記すのである。いわゆる銘書鍾鼎である。款は花紋であり、それで古器に陽識を入れるのである。款は外側にあって凸起し、識は内側にあって凹んでいる。夏周の器には款と識があるが、商器は款がなく、ほとんどが識である。

時代によって書体が異なり、秦・漢・三国・晋・宋と時代が下るにつれて篆書・隷書・楷書へと変化したことは、今日の知見からみて、おおむね妥当である。しかし、三代の書体については、根拠のない憶測である。款は器の外面に凸起した陽文で紋様にもなり、識は器の内面に凹んだ陰文で功績を記したもの、という見解に対しては異論がある。ほぼ同時代の張世南『游宦紀聞』は、款は凹んだ陰文、識は凸起した陽文と、正反対の意見である。確かにいえることは、殷周青銅器の銘文はほとんどが鋳造による凹文で、鉄の彫刻刀が出現した戦国時代から刻文が普及し、デザインとしてあらわされた漢鏡の銘文は凸起した陽文になっている。銘文の内容も時代によって大きく変化した。それも銘文の解読に関心がもたれなかったために、この議論は以後の金石学に影響を与えることがなかったのである。

こうした研究のほかに、元の陶宗儀『輟耕録』（一三六七年ごろ）巻一七や都穆『鉄網珊瑚』

巻一六なども古銅器の鑑定を論じている。また、明の郎瑛『七修類藁』巻四一には古鏡四面の簡単な描き起こし図と銅色の解説がある（図8）。しかし『博古図録』と比べると、その図はいかにも簡略であり、識別しがたい四二字の篆文があると本文で述べている。北宋代の金文学と南宋から明代の文人趣味とは、青銅器の研究方法がまったく正反対であったのである。

第四節　青柳種信による三雲遺跡の研究

（1）青柳種信と三雲遺跡の発見

日本における中国古鏡の研究は、日本出土鏡に対する関心から、江戸時代にはじまった。福岡県糸島市の三雲南小路《みくもみなみしょうじ》では、一八二二年に前漢鏡三五面を含む大量の遺物が出土した。その南の井原鑓溝《いわらやりみぞ》でも一七八〇年代に前漢鏡二一面あまりが出土しており、福岡藩の青柳種信はさっそく現地を調査し、「三雲古器図考」（一八二二年）と「同郡井原村所穿出古鏡図」（一八二三年）に詳しい記録をとどめた（両編とも青柳『柳園古器略考』所収）。青柳はまた両遺跡について『筑前国怡土郡三雲村古器図説　全』（一八二三年）を著している。それらは出土鏡の描き起こし図、拓本の描き起こし図、固形墨による乾拓、出土状況や出土品の解説、年代考証などからなり、同時代の中国にも例をみない詳細な調査記録である（図9・10）。

青柳種信は一七六六年に生まれ、藩儒井上周徳の学僕となり、江戸に出仕して井戸南山に儒学を学んだ。江戸からの帰途、松坂を訪ねて本居宣長に入門し、国学を修めた。青柳二四歳のときである。ライフワークとして『筑前国続風土記拾遺』を編纂し、郷土の歴史と文化を深く考証した国学者として知られる。

三雲南小路遺跡が発見されたのは青柳五六歳のときである。農民が宅地の南で土塀の土取りをしていたところ、素焼き甕から古鏡大小三五面分の破片のほか、銅鉾大小二口・勾玉・管玉などが出土したという。一九七四〜七五年には福岡県教育委員会が現地を再発掘し、一八二二年の土取穴（一号甕棺墓）を発見した。また、隣接して二号甕棺墓が大破した状態で発見され、一号甕棺墓と同時期の前漢鏡片二二面分や勾玉などが出土した（柳田康雄編『三雲遺跡　南小路地区編』福岡県文化財調査報告書第六九集、一九八五年）。その結果、三雲南小路遺跡は弥生時代中期後半の甕棺墓であり、北朝鮮ピョンヤンにあった漢楽浪郡を通じて前漢後期（紀元前一世紀）の鏡を大量に入手した伊都国の首長墓であることが判明した。

（2）出土鏡の考証

三雲出土鏡について青柳種信は、大きさ・紋様・色調について詳しく記録している。以下、後藤直「青柳種信の考古資料（1）―三雲南小路と井原鑓溝に関する資料」（『福岡市立歴史資料館研究報告』第五集、一九八一年）による釈文と解説をもとに、それを検討しよう。

重圏銘帯鏡については「第三圜にハ識あり。隷書凡四十字、……第七圜に文字廿三字。書体隷にあらず古文なるべし。いづれも凹入に非ず。凸起也」といい、上述の趙希鵠『洞天清録』に銘文が「漢は小篆・隷書を以てす」とあるのを引いて「此鏡よく其説に合たり。然れば漢人の造なる事疑ふべからず」と述べ、それを漢鏡とみなした。さらに上述の張世南『游宦紀聞』が款と識とを区別して「款謂陰字。是凹入者、刻画成之。識謂陽字。是挺出者正如臨之与摹。各自不同也」というのを引いて、青柳は「これまたよくかなへり」と説いた。色調については南宋の李石『続博物志』や『游宦紀聞』、元の陶宗儀『輟耕録』、明の都穆『鉄網珊瑚』などを引いて「純緑色而瑩如玉とハこの鏡をいふなるべし。夫質軽く薄し。これ白銅なるの故也。古人銅器の極薄く軽き物をもちて、真の古物とする也」、「瑩如玉ハ元来、磨鏡薬を用たる所也。水土に陶蒸せらるゝ事久しといへども、光采新に磨か如し」という。そして、上述の『洞天清録』に道州の舂陵侯塚で出土した前漢鏡が千年あまり土に埋もれていても変質していないということをあげ、

此鏡これに近し。しかれば此鏡、蓋《けだし》景初正始の物にして、吾怡土《いと》県主《あがたぬし》等の物か。凡《およそ》鋳成のものを鋤撃する時は破処多し。白銅ハ尤《もっとも》破易《やぶれやす》し。此鏡の破所多き所以なり。此説も

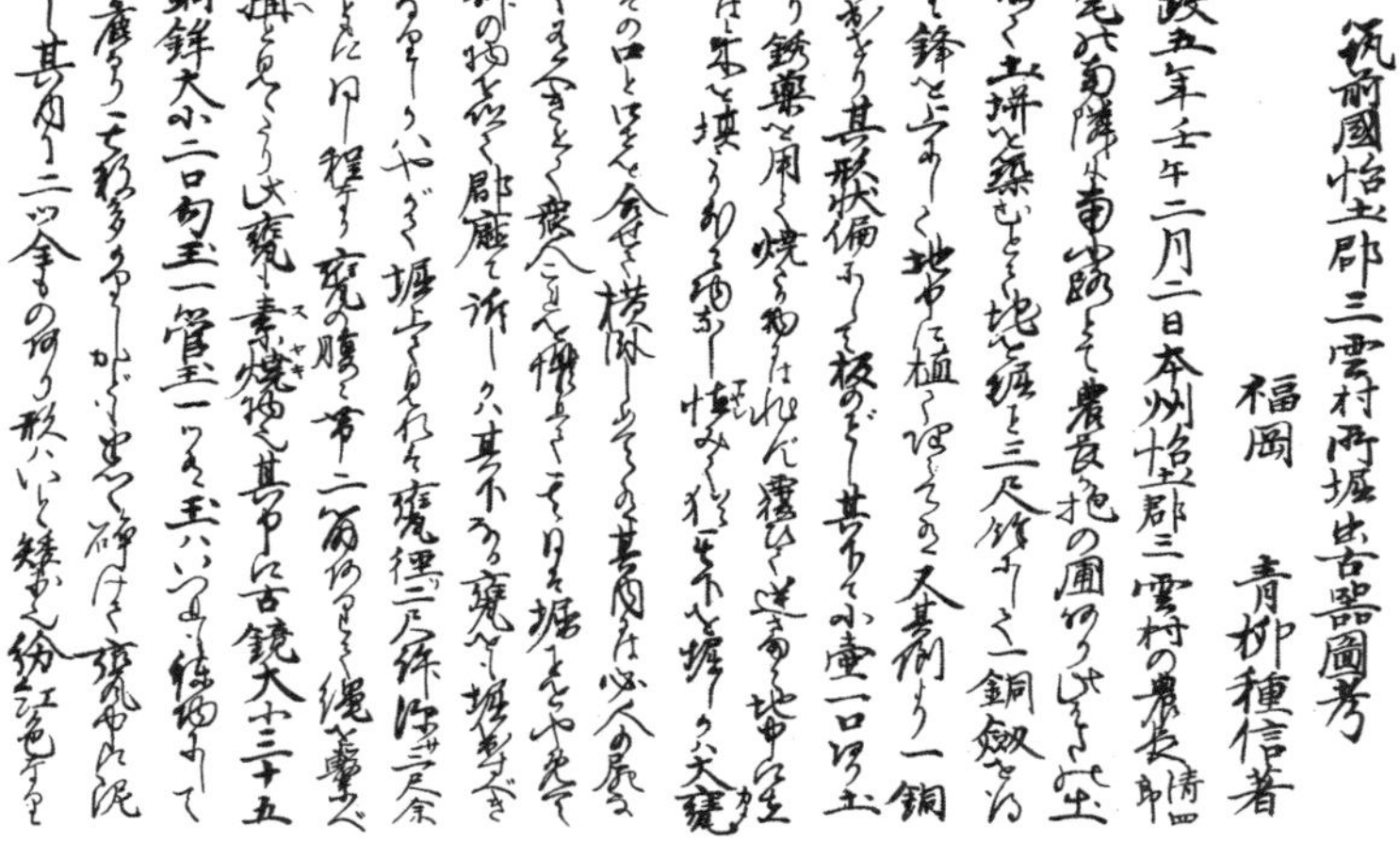

筑前國怡土郡三雲村所堀出古器圖考

福岡　青柳種信著

図９　青柳種信『筑前国怡土郡三雲村所堀出古器図考』（1823年、『筑前須玖史前遺跡の研究』京都帝国大学文学部考古学研究報告第11冊、1930年より）

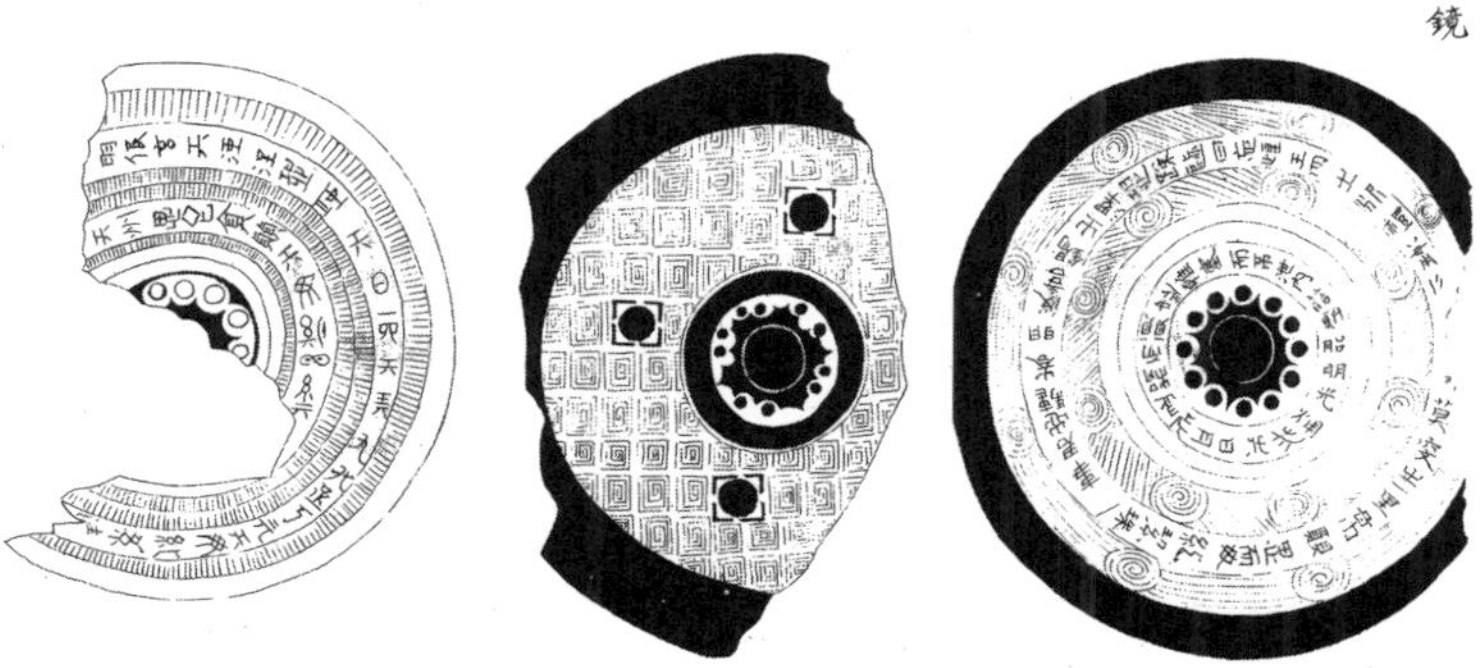

図10　青柳種信の描いた三雲遺跡出土鏡（同上）

拠あり。

と、三雲の鏡を魏の景初(二三七〜二三九)・正始(二四〇〜二四八)年間に比定する。それは倭王卑弥呼が魏に朝貢したことを念頭においたものであろう。金文学では銘文の釈読を最優先するのに対して、南宋以来の文人趣味では鏡の色調や銘文の書体を重視する。青柳は鏡の見取り図を作成するとともに、後者の観点から三雲出土鏡を漢魏代のものと考えたのである。

青柳種信はまた、三雲村に隣接する井原村から天明(一七八一〜一七八九)年間に多数の古鏡が出土し、主船寺村から三面の古鏡が出土したことを記したうえで、鏡面の凹凸と大小について論じている。

古鏡に凸なるものあり。或人これをあやしみて予に問ふ。予答曰、鏡面凹なれば、人面大にして鏡を覆ふばかりに見ゆる。凸なれば、人面小にして鏡中に全く映る。これ人面を全く映さむ為にせし物なるべし。いまだ古書に見得ざれば、古人の説いかんといふことを知らず。只吾おもひ得たる所かくの如しと言。問人も外に考ふべきよしのなければ、さて止ぬ。予かくハ答しかども、いまだ書に見あたらざれば、心穏ならずして打過しが、近比《ちかごろ》宋人の書る『夢渓筆談』を見しに、其中にこれを論ずること、予意に同じかりしかば其遇然なるを以て、予さきの憶説の強ざることを思ひ、はじめて心中安きことを得たり。其説に曰、（前掲24頁）、といへり。この説にて明なり。

上にみたように、北宋の沈括『夢渓筆談』は鏡面の凹凸と大小の光学的原理について論じており、青柳はこの文を執筆する少し前にそれを読んでいたのである。『夢渓筆談』は実学に多才な能力を発揮した沈括の随筆であり、内容は多岐にわたるため、青柳がどのような理由からそれに目を通すようになったのか、興味がつきない。

（3）遺跡の性格について

遺跡の性格について青柳種信は次のように考証している。

此掘出せし地、当村の産神《うぶすながみ》佐々礼石《さざれいし》神社に無下に近ければ、むかし祭奠の盛なりし時に、祭器を埋たるならむといふ人も有。これもさること無とは謂難けれども、葬具といふかた近からむか。西土（中国）にて棺に鏡を縣（懸）たりしことあり。怡土《いと》国王の名、古く彼国の史籍に見へたれば、早く西土に通ひて稍かの風俗に習ひて、ここにもせしなるべし。此たび出たる物、皆西土の器にして、皇国の古物に非ず。是を以て推ときは、いよいよ葬具とおもハるゝ也。この頃、明の瑛仁宝といふものゝ書に『七修続藁』をみるに、其説に曰、「世之古鏡多出北地古墓。人知而宝之。未知墓出故也。按『漢書』霍光伝光喪賜東園温明。服虔注以東園出鏡之所。予恐温明鏡名也。又按『癸辛雑識』云、世大殮後用鏡懸蓋。蓋以照屍。取光明破暗之義。抛此二書則知鏡在於墓。其来已遠。而取義亦明白也。意其開一墓而得鏡不一。似古人送葬者皆贈之如今人之綿箱耳」とあり。此説よくここにかなへり。

これを墓とみる説と祭祀遺跡とみる説が並立していたが、青柳は中国では鏡を棺に懸ける習俗があること、怡土国王が中国との通交により懸鏡の習俗をとりいれた可能性があること、出土の鏡はすべて中国製であることから、墓説を支持した。それを裏づけるため、明の『七修続藁』に「世の古鏡は多く北地の古墓より出ず。人知りてこれを宝とす。未だ墓より出ずる故を知らざるなり。『漢書』霍光伝を按ずるに、（霍）光の喪に東園の温明を賜う、服虔は東園を以て鏡を出だす所なりと注す。われ恐らくは温明は鏡の名ならん。又た『癸辛雑識』を按ずるに、世の大殮の後には鏡を用いて蓋に懸く。蓋し以て屍を照らし、光明暗を破るの義を取るなり、と云う。此の二書に抛れば則ち鏡の墓に在るを知る。其の来たること已に遠きも、義を取ること亦た明白なり。意うに其の一墓を開けば鏡一ならざるを得る。古人の送葬の者は皆なこれを贈ること、今人の綿箱の如きに似たるのみ」とあるのを引いて、鏡が葬送儀礼に用いられたことを推測したのである。

清朝考証学の成果である乾隆帝勅撰の『西清古鑑』（一七五五年）・『西清続鑑』（一七九三年）、銭坫『浣花拝石軒鏡銘集録』（一七九七年）、畢沅・阮元『山左金石志』（一七九七年）などの金石書を青柳が読んでいたら、あるいは江戸の狩谷《かりや》棭斎《えきさい》や松崎《まつざき》慊堂《こうどう》ら考証学者との交流があったら、もう少しちがった調査記録を書いていたかもしれない。とりわけ『浣花拝石軒鏡銘集録』には三雲の鏡に類似する異体字銘帯鏡の銘文について釈読と解説があり、青柳は少なくとも出土鏡の銘文を読むことを試みていただろう。しかし、青柳が目にした漢籍は宋明代の文人趣味に偏った随筆や類書がほとんどであった。それらは考古学や歴史学に有用な内容をもりこんでいるわけではなく、今日の中国考古学では書名すら聞いたこともない書籍ばかりである。ところが、江戸時代にそうした多数の漢籍が日本にもたらされ、福岡藩の国学者がそれらに目を通していたのである。それは意外な事実である。

おそらく青柳種信は、中国鏡とはどのようなものか、中国では鏡をどのように使ったのか、倭の鏡とのちがいはなにか、ということを知りたかったのであろう。同時代の金石書は考証学の立場から銘文に研究の重点をおき、そうした情報をほとんどもりこんでいないからである。そこで青柳は、国学者としての立場で、『漢書』や『三国志』などの史書のほか、宋から明代の文人になる随筆を読みこなし、出土鏡の年代を考え、福岡から多数の中国鏡が出土する歴史的背景を探ることにねらいを定めた。その結論は次のとおりである。

予古鏡を好む癖有て、多くの古鏡を見しに、古冢より出の物は十に七八は異邦の製也。即此たび三雲より出たる是なり。神宝にあるものハ多くハ倭鏡なり。世間に流伝するものは倭漢相半す。かゝれば舶三艘を以て皇朝に運ぶといふもの必虚ならじ。然らずば漢魏の古物の、千歳の今世にかく多く伝ハるべきや。古昔怡土国王の使の漢に往来せし時、かの国より齎来し遺物なるべし。昔年志賀島に出たりし委奴王国の印と相伯仲すといふべし。

北部九州には弥生時代に多数の漢鏡がもたらされた。とりわけ三雲や井原は『魏志』倭人伝に「世々王あり」という伊都国の中心に位置する。青柳種信は社寺などに保管された古鏡を実見し、漢鏡と倭鏡とを弁別するとともに、三雲のような古墓から出土するのは漢鏡のほうが多いと断じた。その鑑別は宋明代の漢籍から学んだものである。「舶三艘を以て皇朝に運ぶ」というのは、むかし江戸でみた宋版の『三国志』魏志倭伝に女王卑弥呼の求めにより三艘の船で鏡を舶載したと記されていた、と友人の西原晁樹《にしはらあさき》（柳川藩の国学者）が語っていたことを指す。そのようにして伊都国王のもとに大量の漢鏡がもたらされ、三雲の古鏡はその物証である、と青柳は考えた。考古資料から歴史を検証する試みは、このときからはじまった。今日の日本の考古学者はもとより、清朝考証学の流れをくむ富岡謙蔵もまたそのパラダイムのとりこになったのである。

むすびにかえて—国学の伝統その後

明治時代に西洋から考古学が導入される。東京帝室博物館に収蔵する日本出土鏡をはじめて考古学の方法で研究したのが三宅米吉である。日本に考古学会を設立した三宅は『考古学会雑誌』第一編（一八九七年）に「古鏡」と題する論文を発表した。そこでは日本の古墳から出土した漢・六朝代の鏡について、鈕・鈕区（鈕座）・内帯（内区）・銘帯、外帯（外区）・縁または辺という部分名称を定め、中国の著録では鏡の名称（鏡式）が材質・形・銘文の代表的な文字、図像紋様などによって随意に命名され、同じ種類の鏡でも著録によって異なった名称が用いられていたことから、『西清古鑑』の鏡名を取捨選択した命名法を試みた。そのうち「四神四獣鏡」や「人物画像鏡」などは、今日でも通用している名称である。また、海獣葡萄鏡が日本の古墳から出土せず、漢魏代の鏡とは意匠にちがいがあることから、唐代に位置づけたのは卓見であった。しかし、中国における金文学の蓄積を軽視し、銘文は「大抵無学の工人が時に随て定文句を綴り合せたるものなるべし」と断じた。

つづいて古鏡の概論をまとめたのが八木奘三郎「鏡鑑説」『考古便覧』(一九〇二年)で、東京帝室博物館の高橋健自も『考古界』に連載した「本邦鏡鑑沿革考」を『鏡と玉と剣』(一九一一年)に集録した。両著とも三宅にならって分類から説きはじめ、周縁・鈕・断面などのバリエーションを列挙する。そして漢(式)・唐(式)・和(式)の三時代に大別し、高橋はさらに漢式時代を前期の漢魏式と後期の六朝式とに細別した。しかし、いずれも日本出土鏡を主たる対象としたため、漢(式)鏡といっても古墳出土の神獣鏡がほとんどで、当然ながら中国鏡と倭鏡とを区別していない。八木のばあいは、漢鏡について鏡の実物よりも『古鏡記』や『五雑組』という中国の小説随筆類をおもに用いて解説したため、考古学の方法から逸脱してしまったところにも問題がある。

日本の大学に考古学講座をはじめて開設し、日本近代考古学の父と呼ばれる濱田耕作も、京都大学着任前は岡倉天心らの創刊した美術誌『国華』の編集にたずさわり、同誌に最初に発表した論文(「支那の古銅器に就て」『国華』第一六三号、一九〇三年)では、『游宦紀聞』や『洞天清録』など古銅器の鑑定法を詳しく紹介し、古鏡の編年では明の随筆『五雑組』を高く評価していた。三宅米吉をはじめとする明治時代の考古学は、同時代の中国でさかんであった金文学とはほとんど接点をもたず、むしろ宋明代の文人趣味に傾倒していたのである。

そうした日本の古鏡研究に大きな転機が訪れたのは、明治から大正に時代が移った一九一〇年代のことである。辛亥革命で羅振玉と王国維が京都に亡命し、京都大学の内藤湖南や富岡謙蔵らを中心に出土資料や金石学に対する関心が高まった。なかでも富岡は紀年鏡を含む多数の中国鏡を蒐集し、銘文と紋様の両面から漢・六朝鏡の様式編年を組み立てた。折しも韓国併合にともなって朝鮮総督府を中心にピョンヤン市郊外の楽浪漢墓の調査がはじまり、富岡に師事した梅原末治は中国・朝鮮・日本はもとより欧米に流出した中国古鏡の調査を精力的に進めた。以後の古鏡研究は、銘文よりも紋様の様式論に比重を移すようになったが、宋明代から日本の国学に継承された骨董趣味的な研究はここに一掃され、研究史の上からも忘却されることになったのである。

李漁の「モノ」がたり
――『閒情偶寄』居室・器玩部より――

髙井　たかね

いわゆる文人趣味書とは、文人生活の諸方面について記述した書物で、文人的な高雅な生活のための手引き書といった性格を持つ。官僚として民衆を統治することを期待された儒教的教養の持ち主である士大夫は、私的生活では琴棋書画、文房清玩、骨董賞鑑、花卉養魚ほか、あらゆる事象を趣味的に楽しむ裏の顔を持ち、士大夫のこうした私的側面が文人であるといわれる。このさまざまな文人趣味の対象について記述した書物は宋代になって現れはじめ、南宋末、趙希鵠の『洞天清禄集』にいったん集成されたあと、出版業の盛行した明末になるとまとまって出現するようになった。

明代後期以降のもので代表的なものを挙げてみると、万暦中の戯曲作家である高濂の『遵生八牋』(万暦二十年頃刊行)、万暦中の進士で当時名の知れた文人であった屠隆の撰として刊行された『考槃余事』、そしてこちらも著名な文人である文徴明の曾孫、文震亨の『長物志』といった、文人生活を広範にわたって扱った趣味書の流れがあるほか、造園理論・実践書の『園冶』、挿花の書『瓶譜』など、個別の分野に特化したものも数多い。

ここでは、つねづね文人趣味書の一つにあげられながら、ある意味かなり異質な内容をもつ李漁(万暦三十九〔一六一一〕~康熙十九〔一六八〇〕)の随筆、『閒情偶寄』のうち、建物と庭園を扱った居室部と、家具や什器、骨董などの陳設物について述べた器玩部を取り上げ、そこにみられる李漁のモノとの関わり方を紹介したい。

第一節　李漁の人物像、評判

明末の万暦三十九年、李漁は父が薬材商人という平民の家庭に生まれた。本貫地は浙江省蘭溪であるが、生まれは長江下流北岸に位置する江蘇省如皐だという。初名は仙侶といい、笠鴻、また謫凡との字があり、天徒、笠翁、湖上笠翁、随菴主人、笠道人などと号した。晩年、杭州の西湖のほとりに住み、「湖上」はそのことをいう。

かれは清初を代表する戯曲・小説作家としてよく知られており、江戸中期以降の日本の文人におこった「中国趣味」においては、まさに清朝文人の代表格ととらえられていた。それはまず、文人画の手本として大きな影響を与えた画譜であり、古今の画論をまとめた『芥子園画伝初編』に序を寄せ、この書物をまとめたのが李漁だとみなされていることが大きく影響している。また、ここで扱う『閒情偶寄』も日本に舶載され、和刻本も刊行されているが、とくに居室・器玩の両部については、清国文人の生活実態を詳細に知らせ、中国趣味に具体的イメージを与える拠り所として好んで読まれたらしく、和刻本もこの両部のみを収めたものになっている。こうして日本では理想的な文人という地位を得た李漁であったが、一方、かれの本国では決してこれと同様の評価を得ていたわけではない。

李漁もはじめは科挙及第を目指していたが、それを果たさぬまま三十代前半で明清交替の混乱に遭い、結局、在野の人として終わった。ちょうど明代後期以降に出版業が空前の盛行をみたことを背景に、かれも清の康熙十九年に没するまで、著述業、自著自刻、そのほか造園設計などでなんとか生計を立てている。こうした点からいえば、官僚たるべき士大夫の私的側面という意味での文人からは、すでに外れている。

隋唐以来の科挙制度が為政者の選抜制度として確立した宋代以降、中国の知識人にとってはその科挙に合格して官人となる以外に取る道はなかった。しかし明末に至り、出版業の発展、読者層の拡大、通俗的な読み物への需要増加などといった状況の下、官僚の世界の外に生きる知識人で、著述、出版に携わって活躍する人物が多く現れるようになったのである。

その代表的人物の一人、陳継儒（嘉靖三十七〔一五五八〕～崇禎十二〔一六三九〕）は、若くして隠遁し、詩文書画という文人的素養により大官縉紳に取り入り名士となった人物で、山人の代表格とされている。山人とは、山林中に隠れる隠者が本来の姿であるが、明末の世にあふれた山人は、その名をかたることで反世俗的なイメージを身にまといながら、その実、俗世を離れた隠士とは似ても似つかない、文人趣味的才覚を切り売りすることで経済的後ろ盾や名声を得ようとした者のことである。

じつはここで取りあげた李漁については、文人というよりもむしろこの山人の系譜におく方が理解しやすい。ここでは大木康「山人陳継儒とその出版活動」から次の一節を引いておこう。

陳継儒の主たる売り物は何であったかといえば、……陳継儒は、山林中において、詩文書画を友とする、いうなれば文人趣味のお手本のような生活をした。そして、この文人趣味のノウハウこそが、陳継儒のかんばんであったと思われるのである。……陳継儒より一世代あとに活躍した李漁に『閑情偶寄』があり、やはりその中に、居室部、器玩部、飲饌部、種植部などの章を設け、文人としての生活そのものについての一家の言を吐いているのは、やはりこの山人の流れをくむものといえよう。

陳継儒は出版事業をその資金源とし、また人に取り入る道具としたのであるが、これはまさしく李漁も同じであった。明末にはこうした俗な山人についての悪評が多々記録されているが、李漁もかれらと同じような批判を受けた。たとえば董含『三岡識略』には、次のようにいう。

〔李漁は〕低俗な性格で、人におべっかを使っては縉紳と付き合っている。戯曲や小説を好んで作り、どれもひどく猥褻である。いつも若い妓女を三、四人つれ、名家の子弟をもてなすのに、彼女らに簾ごしに演奏させたり、酒の相手をさせたり、しかもほしいままに房中術など語らせては大金をだまし取る。その行いはみだらで、まことに士大夫が口にするような者ではない。私は一度会ったことがあるが、その後はそのまま避けている。（巻四、李笠翁）

雑多な技芸によって明末清初を生き抜いた李漁であるが、かれは戯曲を執筆するだけでなく、みずからその作品を刊行して売り出したほか、晩年には家班（家庭劇団）を組織して自作を上演させてもいる。ときには人の求めに応じて役者たちを連れて旅し、大官富豪の屋敷で自作の戯曲を上演したのであるが、これがまたかれらに金銭を都合させるたかりの道具だということで、悪評判のもとにもなったのである。

戯曲・小説作家としての名声、日本における代表的文人としての受けとめられ方とは裏腹に、悪しき山人として低俗のそしりを受ける。李漁は確かに文句なしの文人とはいえないが、またその人物に関して善し悪し両面の評価が存在し、とらえどころの無い部分がある。

第二節　『閒情偶寄』とその居室・器玩部

『閒情偶寄』について

次に、『閒情偶寄』という著作の概要を述べておこう。

『閒情偶寄』十六巻は李漁の随筆集で、かれが還暦に達しようとした康熙十年まで、六、七年の間をかけて撰述されたものである。江寧（現南京市）に住まった時期の作という。

この著作には、『閒情偶寄』という書名が示すように、風雅な思いをたまたま寄せた対象について、以下の全八部にわたって述べられている。

一、詞曲部（作劇術）
二、演習部（演出・演技論）
三、声容部（女性・少女役者の美）
四、居室部（建物、造園）
五、器玩部（各種器物とその配置）
六、飲饌部（食品、料理）
七、種植部（植栽）
八、頤養部（養生法）

はじめに紹介したように、『閒情偶寄』は前出陳継儒の著作も含めた文人趣味書の流れにあるものとされてはいるのだが、この著作の顕著な特徴は、その言説のおおかたにおいて前人の書からの引用をせず、自らの意見を述べるのに徹するという点にある。明末に次々と現れた、高濂『遵生八牋』、文震亨『長物志』といった文人趣味書は、前人の著作から多くを引用して編集し、それに自らの意見を添えて成ったものであり、屠隆『考槃余事』にいたっては、ほぼ『遵生八牋』の文章を切り貼りしただけであるから、書肆が名の知れた文人、屠隆を撰者と仮託して刊行したものとすらいわれている。『長物志』は多く『考槃余事』を引くから、ここに挙げた三種の著作には共通する記述が存在するのであるが、『長物志』のあとに書かれた『閒情偶寄』の文章には、こうした既存の著作を下敷きにするところが全くない。

また、同じ対象について述べるのでも『長物志』の叙述は、卓を例にとってみると、

天板の中心が幅広で大きなものを選び、その四辺は框をはめ、框の幅はわずか半寸ばかり、脚はやや低くて細ければ、そのつくりはおのずと古式になる。およそ細長かったり角が円かったりする俗な諸様式はいずれも用いてはならず、漆塗りのものは最も俗である。(巻六几榻、書卓)

古い漆器のものが最もよい。天板ができるだけ大きな方形で古朴な、十数人がならんで坐

れるものを用意すべきで、これを書画の展観に供する。近ごろ作られる八仙卓などの様式は、宴集に使うことができるだけで高雅な調度ではない。（同、方卓）

などと、かずかずの事物を「雅」、「俗」、あるいは「可」、「不可」と、簡潔に弁別していくのに対し、『閒情偶寄』の場合は同じ卓について述べるのでも、

卓を置こうとおもえば、それには決して欠くことのできない三つの小さなものがある。その一つは抽出しである。……もう一つは卓撤《さしこみ》（机の脚の高さを調節するために脚の下にさしこむ木片）である。これはお金で買うものではない。ただ、職人が仕事をしているときに主人が一言たのんでおき、童僕がちょっと手を使いさえすれば、いくら取ってもなくならないし、いくら使っても使い果たすことがないのである。卓の脚がゆかにぴったり合うことなどいまだかつてないのだから、卓を移動するときには必ず高低と長短とをみて卓撤をもちいなければならない。……建築工事ではどんな時でも、竹片や木くずがゆかにないことなどあろうか。ただし、その長さは一寸を超えず、幅は指より太くはなくて、片方の端はきわめて薄く、もう片方の端はやや厚いものを拾って置いておく。多ければ多いほどよく、卓を動かしたとき脚にかませるためにこれを用意しておく。もし卓の脚とゆかのすきまが

小さければ、薄いところだけを差し込んで、あとの部分は脚の外側にのこしておく。もしそうでなければすべて差し込んでしまう。これは一寸ほどの木片にすぎないが、高低長短いくつもの場面で役立ち、またわたしは一銭もこれに費やしたことがないのである。これは人にとってきわめて好都合なことではないか。……（器玩部、制度、几案）

と、まだまだ続き、あまりに長々と説明的すぎて、とてもここに全てを引用する気にならないほどである。このとおりなんとも饒舌な上に、卓のがたつきを抑えるために脚の下に差し込む木片についてまでこの調子で得意気に語られると、とても『長物志』と同じ文人趣味書とひとくくりにできるものでないことは明白である。

また、居室部のうち山石の各条は、築山などにおける石の利用について述べたもので、かれの造園に対する考えを記したものである。この分野の代表的専著として現在たいへんよく知られているものに、明末、計成の造園理論・実践マニュアル書『園冶』があるが、しかし『閒情偶寄』では文中においてこの書に触れた箇所がありながら、やはり記述は完全に乖離したものとなっている。

類似の条目を立てていても、既存の同類書とは全く内容を異にする、むしろあえて先行の著作に述べられた内容は避け、決して重複しないようにしているようだ。これは『閒情偶寄』の全体に貫かれた執筆態度である。とくに本稿で取り上げる居室・器玩部について、具体的にはどのように記されているのか。これについてはおって順次紹介することにしたい。

居室・器玩部の内容

さて、ここからは、この稿で対象とする居室・器玩両部にしぼって話をすすめていきたい。居室部が建物と造園、器玩部が器物とその陳設についての言説であることは前述のとおりであるが、当時においてはこうした生活環境の背景をなすモノも、書画文房などと合わせて清玩の対象であった。この両部は、

居室部

一　房舎（建物）、二　窓欄（窓と欄干）、三　牆壁（建物内外の壁）、四　聯匾（対聯と匾額）、五　山石（築山と庭石）

器玩部

一　制度（器物のつくり）、二　位置（器物のしつらえ方）

の各項からなる（【『閒情偶寄』居室・器玩部条目表】参照）。

各条が何について述べるのか、そのすべてについて逐一取り上げて説明することは避けるが、両部全体がどのような条目からなっているかをみてみると、器玩部の制度では、わりにまんべ

んなく各種の家具、什器ほか生活上の実用品を取り上げているように思える。そのなかで、実用品とはいえない骨董については条を設けないといって（とはいいつつ実際には設けて）、これに耽溺することを批判しているが、たしかに実用本位の条目の採用のしかたといってよいだろう。

一方の居室部については、単純に条目数だけでみても窓欄第二と聯匾第四に偏っていることがみてとれるだろう。これは、次節にくわしく述べるが、この両部が李漁の創作アイデアの紹介という性格を持っていることとも関わっており、つまりはこの二つの項については自作考案品を山ほど持っているからにほかならない。また、造園に関わる居室部の山石第五についてみれば、これは築山ほか石の利用についてのみ取り上げているもので、庭園景物に関わるほかの要素、たとえば水の処理、植栽などについては全く語るところがなく、造園書としてはきわめて偏った内容である。これは、植栽は別に種植部を設けているほか、庭園内の建物や借景については居室部の房舎や窓欄の項で補われていること、また後述のように李漁自身が畳石（石積みの築山）を得意としたからにほかならないが、ここでの記述内容によってかれの、もしくは当時の庭園の全般的なありようが再現できるような、そうした体系立った内容には全くなっていない。これはほかの項目についてもいえることである。

また、挿絵があるのは『閒情偶寄』中、この居室部と器玩部だけである。日本ではこの両部のみが翻刻されたり、図に描き起こした図譜が刊行されたりと、よほど好んで読まれたようであるが、挿絵があるというのも日本でうけた理由の一つであろう。

李漁にとっての建築、庭園、器物

それでは、さらに詳細な内容の検討は次節にまわすことにして、ここでの言説の対象が、李漁にとってどのような存在であったのかをまず確認しておくことにしよう。

居室部、房舎の序には、「その人が「特技というのは何ですか」と尋ねたので、わたしは「一つは音楽に精通していることで、一つは園亭を造営することです」と答えた。」という一文がある。はじめに紹介したとおり李漁は戯曲作家として知られた存在で、ここでいう「音楽」とは、そちらの仕事と大いに関わることはいうまでもない。一方の「園亭」であるが、これは庭園とそのなかの亭（あずまや）となろうが、中国の庭園には建物はつきものなので、房舎ほかも含めて居室部全体が対象となると考えてよいだろう。つまりこの一言に端的に示されているように、居室部に述べた建物の造作や庭園の意匠設計というのは、かれの本業といえる作劇と並ぶほど自信のあるジャンルなのである。

実際に李漁は造園家としての一面ももっており、北京では、恵園、半畝園、梁家園等を設計している。このうちの半畝園は、李漁六十三歳の康熙十二年（一六七三）、二度目の北京訪問をしているのだが、その滞在期間中に賈漢復のため設計したものである。李漁は石を積んだ築山造りで名高く、当時の王侯の邸宅では争ってかれに依頼したという。また自らの庭園としては、蘭溪は伊山の麓に伊園を設けたのを皮切りに、南京の別業である芥子園、そして杭州へ移住後には呉山に層園を造営した。康熙八年（一六六九）に落成した芥子園は、三畝たらずで芥子粒のように小さな土地との意から名づけられ、また、前出の『芥子園画伝』や、李漁没後も存続した書店、書籍刊行所としてその名が知られている。

李漁には建築に凝る趣味もあり、その小説『十二楼』（順治十五年（一六五八）序）には、かれの建築趣味が反映されているという指摘もある（大平久代「李漁の創作態度と実作」）。これは建築を重要な小道具とした小説で、十二の小説のそれぞれに楼閣をモチーフとして取り入れている。なかでも「聞過楼」第二回には次のような描写がある。

柴門はしっかりして、竹林中の小道は曲がりくねって遠い。竹垣には新しく植えた花が開き、地面では吹き寄せられた落葉が掃き清められている。数間ばかりの草葺き家は、外観はたいへん素朴だが室内は丁寧に仕上げられ、意外にも農家のつくりではない。梅窓がひとつあり、遠目にはとても粗末にみえるが近づくとたいへん美しく、文人が営む住まいのようである。陶淵明の新居でなければ、きっと林和靖（林逋、北宋の隠逸詩人）の別荘だろう。

文中に出てくる「梅窓」というのは居室部、窓欄にもみえる（図一）。この小説が書かれたのは『閒情偶寄』成書よりずいぶん前なのだが、その小説内での形容からすれば、やはり居室部に取り上げられるそれであろう。梅窓は李漁の自信作で、『閒情偶寄』ではこれが自作の第一等だと自ら記しているものである。

明代後半以降の文人趣味書では、『閒情偶寄』と同じく、建物、庭園、家具、什器ほか、それ以前にはことさら取り上げられることの少なかった生活関連のモノについてもまとまって記述されるようになったのだが、これは洗練された文人的生活を形成する要素として、詩文や書画と同等とまでいわなくても、これらに次ぐほどの価値を持つとの意識が働いているからにほかならない。そうした意味では、居住空間を整えることへの重視は李漁のみにとどまるものではないのであろうが、ただしかれの場合、よりそれらに対する思い入れは強いのだろう。なんといってもかれにとって建築と造園は、たんなる趣味的なものにとどまらない、直接収入にもつながる得意分野であったのである。

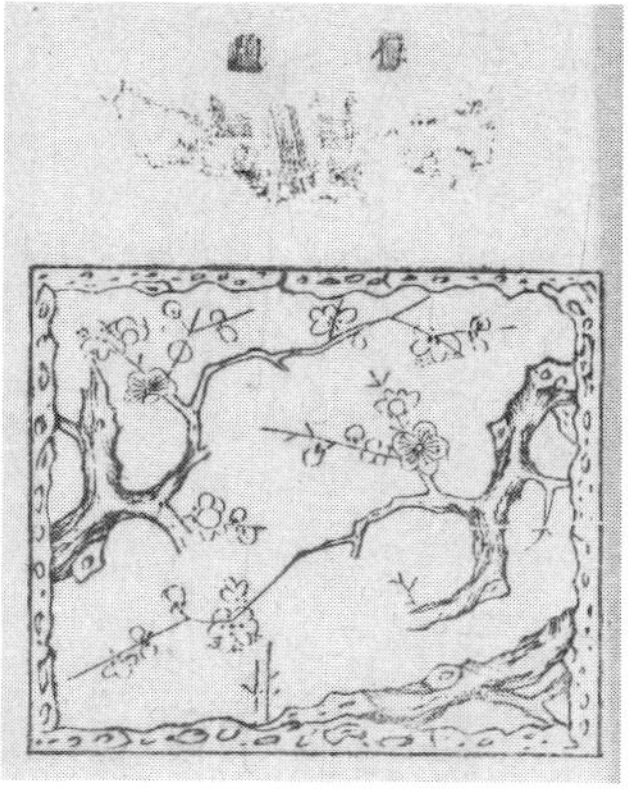
図一　『閒情偶寄』梅窓式

一方、器玩部で取り上げられる各種器物についてはどうか。やはり身のまわりの生活環境を洗練させる上では、建物や庭園と同等の意義を持つものであろうが、李漁にとってはそれ以上に実際的な重要性をもっていた。

多少長くなるが、ここに器玩部、制度、箋簡にみえる芥子園名箋についての一節を挙げよう。

……わたくし手製の箋簡がこれである。……下男に命じてデザインのとおりできあがったものを書店で売り、お金を手に入れたら刻工にわたし、またそれを雕板の費用に備える。こうしておけば、こののち何回でも作り続けられる。……天下の名賢でこれを手に入れたいかたは、人にたのんで金陵（南京）で購入してもらっていただきたい。この文集のうちのさまざまな新様式は、まだことごとくは広い地域にいきわたっていないから、ちょっとこの場を借りてあらましをご紹介しておく。箋を売っているのは本の販売所で、わたしのこれまですべての著作はそこにあつまっているから、一風変わった趣味のあるかたは、買っていかれたら笠翁とともに帰るようなものである。……［原注：金陵の承恩寺の中に「芥子園名箋」の五字を門に書いた場所があり、そこがそうである。］

この文集に載せたさまざまな新様式は、まねをしてやってみてもかまわないが、ただ箋帖の様式だけは、下男に自家でつくって売らせ、それを文筆で報酬を得る代わりにしているのだから、他人が翻刻をするのは許さない。……

すでにご承知いただけたかと思うが、ここではちゃっかり自分の商売の宣伝をしているわけで、この箋紙（便箋）の販売もかれにとっては生活の糧なのである。実際に自著の海賊版を出されて苦慮していたという事実があり、そうした事情は理解できるのだが、それでもあらかじめ「翻刻を許さない」と釘まで刺しておく周到ぶりである。器玩部に挙げた器物のうち、本当に売り出していたのはこれだけのようであるが、それでもモノのデザインや改良は、李漁にとってたんに生活の美的向上というだけでは決してない。収入につながる可能性をもつ、いわば玄人的な立場からの取り組みなのである。

第三節　李漁の「新奇」とその具体相

さて、『閒情偶寄』が文人趣味書というのであれば、居室・器玩の両部において、李漁のおもう文人的な居住空間はどのようなものか、いかにその境地にいたるのかを語るはずであるが、それらはいかなるものであろうか。かれの考える風雅な住まいとは、それを求めるためにいかにせよというのか。

まずは中田勇次郎による『閒情偶寄』訳の解題から、その居室・器玩部をいかに評しているかをみてみよう。そこでは次のようにいう。

図二　窓櫺縦横格

かれの論じているのは文人の生活美術であって、それには、常に陳腐を廃してもっぱら清新な創意を貴び、その間、倹朴な生活のなかから堅実なもの簡素なもの自然なものの美しさを見出して力説しているところなどは、そのもっとも取るべき点であるとともに、この著書のもつ意義を一そう深くするものであろうと思われる。

（傍線は髙井による。以下同じ。）

この一文は、実に簡潔にこの著作の特徴を言い得ているのだが、これはおそらく居室部、窓欄、窓櫺縦横格（図二）の条文にある以下の文章に基づいたものであり、中田はこれこそ居室・器玩部に表された李漁の思想を代表しているとみたのであろう。

雅においてこれより雅なものはなく、丈夫さにおいてもこれより丈夫なものはない。これは陳腐なもののなかから形を変えて生まれたもので、このことから推しはかると、旧式を変えて新式にできるものがどれほどあるかわからない。ただ、簡素なもの、丈夫なもの、自然なものを選んで変化させる。あらゆる場面で彫刻することをやめれば、人工はしだいになくなって、天然の巧みがおのずと現れるのである。

これは窓格子のつくりについて説明したあとに述べる文章で、格子はただ見た目が美しいだけでなく、また丈夫で壊れにくくなければならないという主張のもと、その考えに見合った形式として挙げた格子の一例を評したものである。窓や扉には、格子ではなく透かし彫りにした例がよくみられるが、文中に「雕刻する」というのはその透かし彫りのことをいうのであろう。ここに現れた李漁の思想は、その第一は、ありふれた陳腐なものを廃し、それに創意を加え新しい形式に変えるのを尊ぶこと、その第二は、簡素、丈夫（堅実）、自然（天然）を良しとするというものである。

「雅俗倶利」

まずはこのうち後者の方を取り上げておきたい。ここに挙がった三つの要素、簡素、堅実、自然というのは、これこそ李漁の求める居住空間の構成要素であるともいえようが、これらはそれぞれ別のことをいうようで、その実ひとつの点に集約される。最初の「簡素」というのは、これはたんに見た目の質朴さを求めてのことではなく、つくりが簡単で繁縟な装飾的要素がなければ結果として壊れにくい、つまり「堅実」という美徳をもたらす。また「自然」というのも同様であって、自然のものは人工を加えることで「天然の巧」「簡素」を失い、また堅実さを損なうことになる。

その要点をまとめると、次の二句となる。「簡素なのがよくて複雑ではいけない。」「自然なのがよくて雕刻したものはよくない。」およそ事物の道理によれば、簡素なのは長持ちするが、複雑であれば難しい。その物の性質に合わせて作ったものは必ず堅実であるが、もともとの形を損ねたものは壊れやすいのである。（居室部、窓欄、制体宜堅）

このように、「簡素」「自然」というのもその外見的なことをいうのみならず、もう一つの「堅実」という、より実利的な要素につながっているという点は見逃すべきではない。

もちろん李漁においても、「簡素」「自然」の姿、その美しさを愛でるという面がないわけではない。しかし、これは既存の文人趣味書における「雅」の感覚を受け継ぐもので、この点だけにしぼっていえば、李漁も何ら異なるところはないといえよう。たとえば文震亨『長物志』では、華美を廃し、風雅、古朴を求め、古式を尊ぶという姿勢が全般において貫かれている。文震亨が古式を尊ぶ点は、旧式を変じて新式を求める李漁とは一見正反対のようであるが、これは古式の質朴な姿を良しとするからこそであって、その点、李漁が美的な面で求める「簡素」「自然」と同質のものといえようし、だからこそ両者ともに華美、富麗を退けようとするのである。そう考えると、こうした李漁の「雅」の感覚そのものには全く目新しさは感じられない。かれの考えの特異なところは、「雅」を求めるなかにも「俗」を重視するところにあるのではなかろうか。ただし、ここでいう「俗」とは、低俗の俗というよりは、世俗的な利便性、実用性、現実性とでも言い換えられるべき概念である。

こうした「雅」の追求のために「俗」をも完全に退けないという李漁の思想は、次の一条には顕著に現れているだろう。居室部、房舎、途径に、

通路は近道ほど便利なものはないが、廻り道ほどすばらしいものはない。概して、わざと廻り道を設けて変わったおもむきを得ようとすれば、必ず別に脇門を扉一枚分あけておき、家の者が奔走するのに便利なようにしておく。急ぐときは開き、そうでないときには閉めておけば、雅と俗の両方に都合がよく（雅俗倶利）、合理性と風情をどちらも得ることができる。

「雅俗倶利」、雅（風情、趣致）と俗（合理性、利便性）の両者とも益するように、という、李漁以前の文人趣味書と比べると、高雅、風雅の追求とはまた別に、実用性、利便性を求めることをより強調するのがかれの特徴のひとつといえそうである。

「新奇」を求む

しかし李漁が何よりもこだわるのは、もう一方の、陳腐なものを廃して新式を創作する、つまり「新寄」を求めることである。居室部、房舎序に、

〔自分は〕また、人に雷同することがきらいな性格で、わざと人と違うことをするのが好きである。……ところが建築のことについては、〔人は〕かならず他人の堂とそっくりに堂をつくり、人の戸を窺っては戸を立て、すこしでもそれに合わないと、満足せずにかえって恥と思い、列侯貴戚が幾千万の資産をなげうって造った庭園をみてきては、必ず棟梁に、「亭（あずまや）はあの人の様式を手本に。榭（たかどの）は誰それの型にしたがえ。少しも違わせるな。」とあらかじめ言いつけておくのである。

というが、こうした「人と同じことを敢えてしない」「新しいものを作り出す」といったもの言いは、かれの著作中の随所にみられ、居室・器玩部に限っても枚挙に暇ないほどである。

少しだけ目先を変える

しかもその「新奇」を求めるにおいても、ただたんに従来ないものであれば何でもよいというわけでなく、かれなりのポリシーがあるらしい。

そのひとつに、少しだけ目先を変えて既存のものに新奇を加えるという手法を説いている。李漁が考案した新式の窓形を紹介するくだりには、この手法がよくあらわれている。かれは「便面窓」と称する扇面形の窓を考案し、その素晴らしさについて、これでもかというわんばかりに長々と語りあげるのであるが、その中で、

世間の人が物の形を象って門や窓を造っているのはどれだけあるか知らないが、ただこのだれもが眼の前にみているものだけは残しておいて取りあげずに、笠翁が見いだすのを要するとは、なんとも驚くべきことではないか。（居室部、窓欄、取景在借）

李漁が扇面形というモノの形をうつした窓を考案したのは、じつは、明末に起こった装飾的な門や窓の出現と、その後の流行という流れの中で生み出されたものである。円形、卵形、六角形、花形、葉形などの装飾的な門窓（図三）は、造園書『園冶』の撰者として知られる、十

七世紀初頭、明末の計成の頃に起こった新機軸であって（同時期に庭園全体のデザインは簡素化している）、清朝に入って広く流行したものという（アリソン・ハーディー「明代後期における庭園様式の変遷」）。つまり李漁は、それまで四角い窓以外になかったところから、いきなり扇面形の窓などという突飛なアイデアを出してきたわけではなく、これを考案する以前からすでにさまざまなモノの形をした窓が現れていたところに、たまたま窓形として存在しなかった扇面に目をつけて窓にしてみようとの考えを思いついたわけである。また、扇面形自体もごく身近でありふれた器形であって、なにもとくべつ奇をてらったようなものでもない。こうしたほんのちょっとした新味というのを尊ぶのであって、しつこく「新奇」を唱えながらも、ただただ奇抜な目新しさを求めるというのは認めないのである。

意義を求める

たんに新しく珍しいだけではよろしくない、李漁のそうした「新奇」にまた求められるのは、新趣向にある種の教養を背景とした意義を求めるということである。居室部、聯匾（対聯と匾額）の序に、

総じてわたしのつくったものは、ただ珍しいものを選んで新しさを出すだけではなく、要

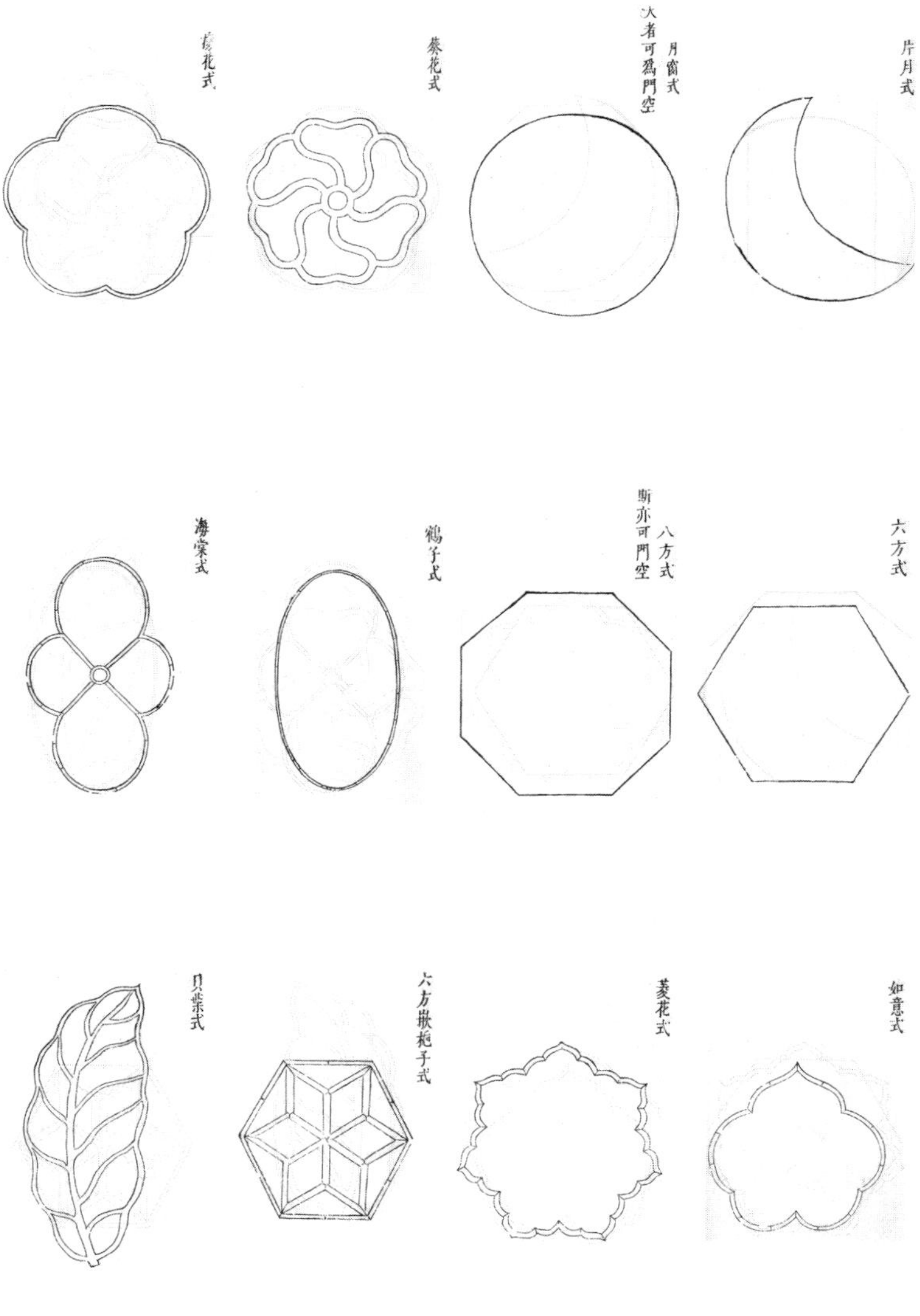

図三　『園冶』にみえる装飾的な窓形

するにみな意義があるのである。およそ人が筆を執って文字を書くときには、かならず場所をまず選んでから書く。たとえば、古人は芭蕉を植えて紙に代え、竹に刻んで題字を留め、冊子の上に揮毫し、巻頭に筆を染め、桐の葉を剪って詔を作り、石を選んで詩を題した。こうした数々のものは、いずれも書家の周りにあらかじめあったもので、そこから選んで書いたに過ぎず、その中に余計なものはないのである。

また、すでに引いた箋簡（箋紙）の条にも次のようにある。

箋簡の様式は、昔から今まで何千万遍かわったかわからない。人物器玩から花鳥昆虫にいたるまで、一つもその形を象らなかったものはなく、一日もその様式を新たにしないことはない。……ただ、その構想を練って筆を下ろすはじめの段階で、どうしても高く遠いところを求めるきらいがある。最も身近なものを捨ておいて考えに入れず、天の上から天下のすみずみまでくまなく探し、結局きらきらとまばゆいものをすべて余計なものにしてしまい、書信の由来とも関係がない。わたしの言うところの最も身近なものとは、ほかでもない、手製の箋簡がそれである。箋簡と名がつく以上、箋簡の二字のなかには限りない本義がある。魚書、雁帛のほかになければ、竹刺（竹片の名刺）の様式がつくれるだろうか？

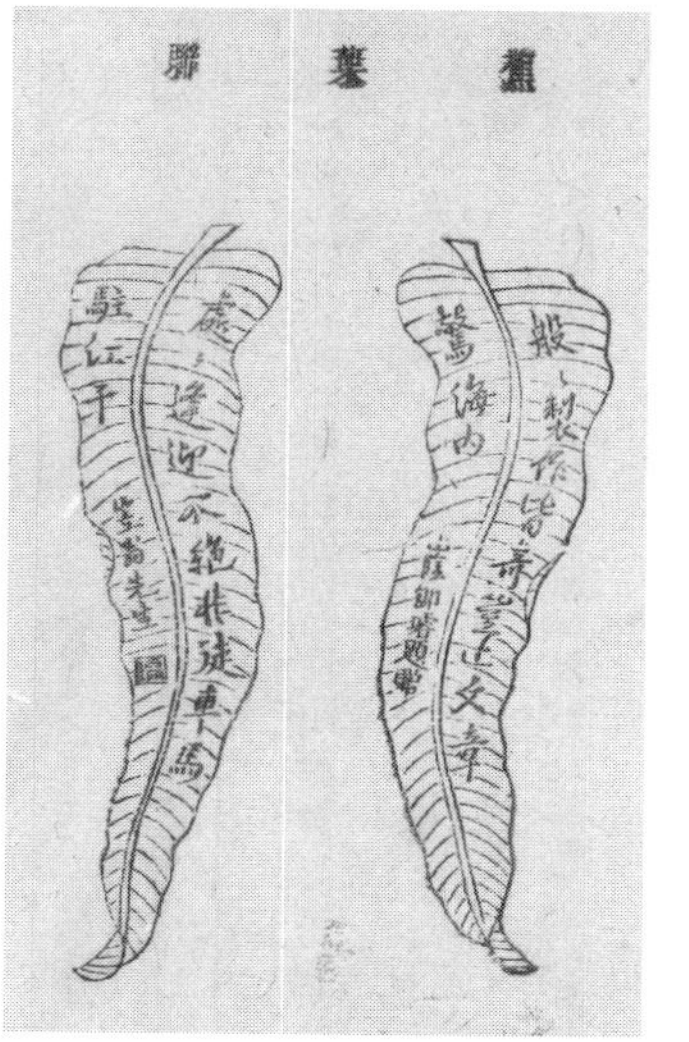

図四　蕉葉聯

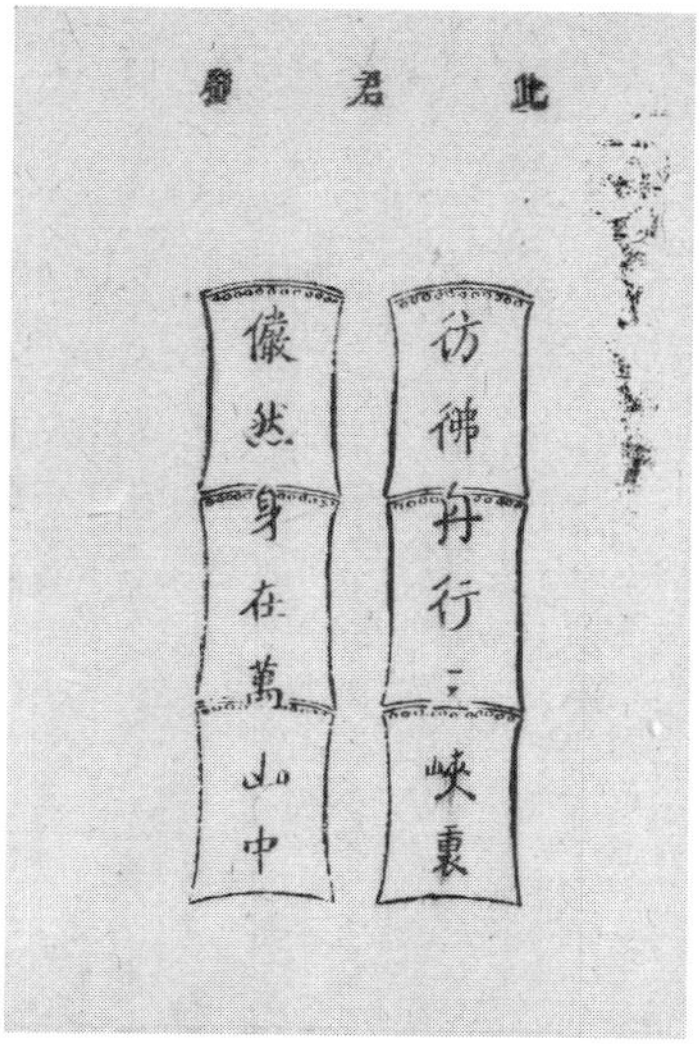

図五　此君聯

書籍の形に似たのはあるだろうか？　巻物、冊子、扇面や錦の屏風、美しく表装した軸物の上は、筆を染め毫を揮う場所ではないだろうか？……わたしはさまざまなものの形に似せて箋紙をつくることができるが、……（器玩部、制度、箋簡）

あとで引用した一文からすでに明らかであろうが、この「意義を求める」ということと、先の「目先を変える」というのは一連のことがらであって、両者をあわせ、少し目先を変えた先には、創作や改良の対象となる器物の本質、意義を具えたモノを捉えて、それらを新趣向に採用するということを意図している。字句を書き記す扁額や対聯には、書写材料として用いられる、あるいは書写するのに用いたという故事のある、芭蕉の葉（図四）、割竹（図五）、碑石、手巻、帖頁、秋葉（図六）を選んでその形を象り、また箋紙の場合

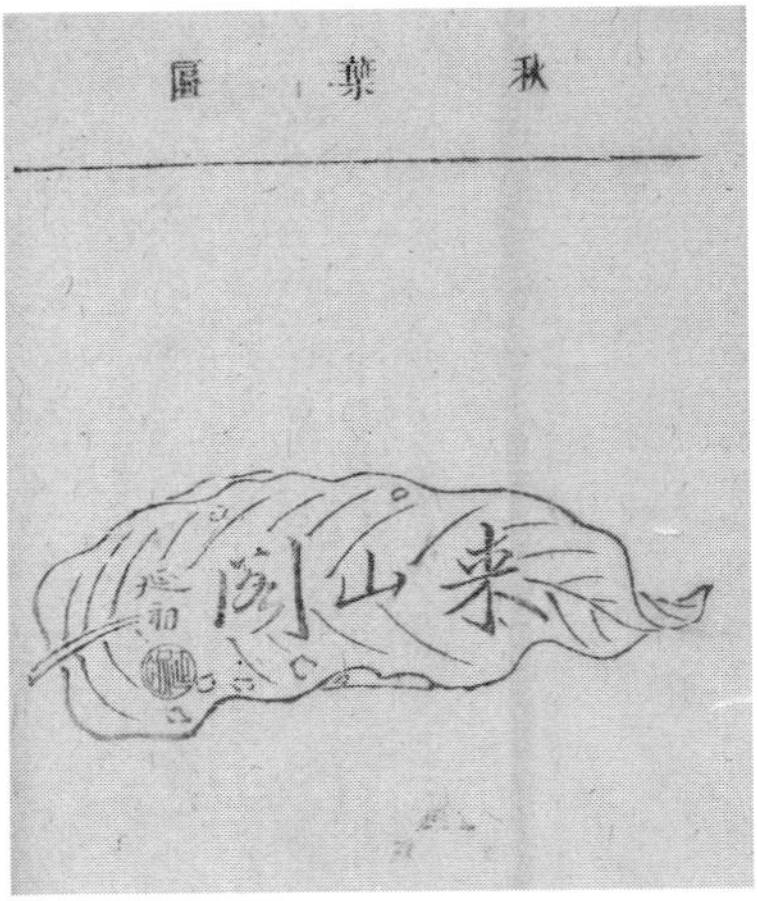

図六　秋葉圖

は、書信に関わる故事、たとえば、遠来の客が遺していった鯉の腹中より出てきた書信、前漢時代、匈奴に留めおかれた蘇武が雁の脚に付けて飛ばした帛書からそれぞれ想起した魚と雁、そして竹刺、書籍などをモチーフに新たな様式を作ったという。器物に関するこうした知識、教養は、少なくともここで挙げた例からみると、文人的教養というよりも、むしろすでに世俗化、大衆化した教養といってしまってよさそうであるが、しかしながら、たんに従来なかったものを選んで物珍しさだけを追求するのではなく、そこに幾ばくかのもったいをつけるあたり、ほかとの差別化を図って生き残ろうとする、李漁の山人的な玄人っぽさが芬々と臭ってくるではないか。

戯曲、小説との共通性

なお、李漁の戯曲や小説についていくらかご存じの方であればすでにご承知のことであろうが、かれが「新奇」を強調するのは、じつのところ建築や器物に限ったことではない。かれの本業ともいえる戯作や小説の執筆においても、同様に強く求めているものである。とくに戯劇においては、従来は歌を聞かせ舞をみせることが中心で、セリフや話の筋は二の次であったのだが、李漁はこれらも同じく重視して、ストーリーをおもしろくすることに力を入れた。たとえば同じ『閒情偶寄』のうち、作劇について述べた詞曲部では、脱窠臼（紋切り型を脱する）の条に、

古人が戯曲を伝奇と呼んだのは、その題材がたいへん奇異で、人が見たことのないものを伝え記したからその名があるのであって、めずらしくなければ伝えないことは明らかである。「新しい」とは「めずらしい」の別名である。もしこうした劇の筋書をすでに劇場で見たことがあれば、そこでは千人も万人もが一緒に見ているのだから全くめずらしいことはなく、それをどうして伝奇にすることがあろうか。

という。とにかく「新奇」であることが大前提なのである。

またさらには、これまでもごく当たり前にあることのうち、作品化されていないものを取り込むのがよいとして、同じく戒荒唐（でたらめをやめる）の条には次のようにある。

およそ伝奇を作るには、ただ目に触れ耳にするものに題材を求めるべきで、それ以外に探し求めるのはよくない。戯曲はもちろん、古今の文章はみなそうである。人情や物事の道

理を説いたものはみな永遠に伝わるが、荒唐（でたらめ）で怪異にかかわるものはその日のうちに朽る。

こちらも、先に居室・器玩部の例にみた「すこしだけ目先を変える」「意義を求める」ことをいう文章と、対象が違えど全く同じ内容がくりかえされていることに気付くだろう。完全に荒唐無稽なものはだめで、少し目先を変えた先にあたりまえにあるものを取り上げ、また、人間が繰り広げる物語を作るにおいては、人間の本質として、人情や道理を描いていなければ良いものにはならないという主張である。

李漁の自信作

さて、ここでは建物や器物に「新奇」を施した考案品のうち、笠翁が自信をもってお届けする三点を紹介することにしよう。

I　便面窓（居室部、取景在借）

まずはすでに紹介した便面（扇形）窓である。上述のとおり、『閒情偶寄』では居室部と器

図七　便面窓（図右下の船に扇面窓がみえる）

玩部にのみ挿絵が付けられているのだが、見開き一面という、なかでも一番大きな挿絵をこの窓の説明のために用意しており、それもたんに窓形を描いて図示するのみならず、この窓をそなえた船が杭州は西湖の水面に棹さして進む風景を山水画仕立てに描く力の入れようである（図七）。かれ自身が自分の創案のうち最も良い出来だというのは先にみた「梅窓」（居室部、窓欄）ではあるが、挿絵の凝りようからみれば便面窓ほどのものはほかになく、梅窓と同程度に自信のあるアイデアであったのは間違いない。

この便面窓は、じつはただたんに窓形が扇を象っているというだけではない。これを船に設けたうえ、船内から外の景色を眺めるにも、また船外から内部の遊興の様子を眺めても、それを扇面に描かれた絵画のように見立てることができ、さらに船が移動すれば窓外の景色も変化する興趣も得られるという、一石三鳥にも四鳥にもなるアイデアなのである。この窓による効果の具体的要素を並べてみると、次のようになるだろう。

①窓形による装飾
②借景（船内から、船外から）
③窓枠により景観を切り取る（絵画化する）框景
④しかもそれが船に設置されて景観が変化

①については上述したとおりで、すでにさまざまな窓形が現れてきていたところに、少しだけ目先を変え、それまで見過ごされていた扇面形を取り上げたという点が李漁の加えた新奇である。

②の借景については日本庭園でもおなじみの手法であるが、ここでは船内から外のさまざまな風景を、また船外からは船内の様子を、それぞれ景観として利用するものである。借景の中国に現存する実例は比較的新しい時代、早くても明代に遡れるものしかないのだが、文献上にみられるものでは、古くは香炉峰の雪で知られる唐、白居易の廬山草堂の例や、北宋、李格非『洛陽名園記』にみえる環谿園の多景楼からみた洛陽城の景観などが借景の事例に数えられているし、またその理論についても明末の『園冶』借景には、「遠借」「隣借」「仰借」「俯借」

という四種に分類できることがすでに述べられている。つまり借景自体になんら李漁の創意はない。ただし通常の借景というものは、『園冶』のそれがそうであるように、庭園の一区画や建物の内からその外の景観を取り入れて観賞するというものであるが、そうして楽しんでいる姿を逆に外部にいる人間に眺めさせるという、外から内の景観を借りるというのはそれまでにない発想ではなかろうか。

③の窓枠で切り取られた景色を絵画に見立てるというものは、後世では「框景」と称され、のちに中国庭園の特徴的取景手法として定着するものである。これが明確にいつ始まったものかはわからないが、『園冶』掇山篇の峭壁山の条には、白壁に沿って積んだ石の築山を絵画に見立て、その景色を円窓に収めて楽しむことがみえるから、こちらもすでにおこなわれていた手法といっていいだろう。

ただし、以上の①②（②は半分）③は、その手法自体はいずれも既存のものであったが、それらを④のように移動する船に設けて変化を楽しむ手法はこれ以前の例が見当たらず、この④は李漁がもたらした新趣向であったといえそうである。

Ⅱ　尺幅窓（無心画）

尺幅窓、あるいは無心画と呼ばれるものも窓であるが、現代ではこちらが一番よく知られ、

図八　尺幅窓一

図九　尺幅窓二

また過去においてもかなりのインパクトをもって受け取られた。江戸期の日本では、安永五年（一七七六）、尾張南画の祖といわれ国学者でもある丹羽嘉言が、実際にこれを模倣して自らの小室に設けている（『謝庵遺稿』神谷天遊撰小伝）。先の便面窓には見開き一葉分という他にはない大きな挿絵が用意されたが、こちらも二図を用意してこの尺幅窓の説明に添えている（図八、九）。条文によると二図あるのは、はじめに用意した図では十分に意が伝わらないとみて、あとからさらなる説明文と一図とを追加したという。こうした念の入れようであるから、こちらも読者へぜひとも伝えたい自信作であったろう。

　この窓について、最初に用意されていた方の図八をまずみていただいたところで、たんなる山水画の掛軸にしかみえないだろう。これが何かというと、じつは山水画にみえる部分は、壁にあけた穴から外にある築山がみえているという状態であって、その穴のまわりに表具を貼り付けているのである。こう説明した上で二つめの図九をみていただくと、なんとなくその構造が理解できるかもしれない。このようにすれば、建物の外にある築山の姿を室内にいながら山水画のように眺めることができるというわけで、これを「尺幅窓」、画巻の窓と名づけ、また「無心画」というのは、表具の中心にあるべき絵の部分が無いという意味である。図九では、つねに部屋の壁に穴が空いているのも不便とのことで、穴の部分にぴったりはまるよう、ふすまのような框に、こちらは本物の絵画を表装し、穴の部分にはめておく場面を描いている。李漁は「新奇」を求めるのにも、あまりに突飛で荒唐無稽なものは良しとしないとしていたが、これなどはずいぶんと奇をてらったアイデアのように思えるのだが、どうであろうか。

それはさておき、この窓のおもしろさも先の便面窓と似かよった要素を持っており、やはり室内から屋外の築山の景色を借りる①借景と、②窓枠によって景観を切り取り絵画に見立てる框景、しかもこの例では、たんに借りてきた外の景色を絵画に見立てるのみならず、③窓のまわりに表具を貼り付けて、本当に絵の掛軸のようにしてしまった。借景、框景については先に述べたとおり既存の手法であるが、②の框景を、③のように表具を施して本当に山水画の掛軸にしてしまうところなど、常人には思いもつかない李漁の本領発揮、面目躍如といった趣向である。

Ⅲ 煖　椅

もう一つ、器玩部からも一点紹介しておこう。

こちらの煖椅とは、その名のごとく、坐って暖を取るための椅子である。図十でみたところ、たんに書卓（書き物机）に着いて坐っているだけのようであるが、手前側に跪いている童子がいるのがミソであって、これは椅子の足置きの部分、つまり図にみる机の底の部分に仕込まれた抽出しを引っぱり出し、そのなかに入れた炭の始末をしているところである。この椅子のつくりはというと、まず大きめの太師椅（肘掛け椅子）のまわりを板で囲み、前と後ろは開き戸にしておく（坐るときは前の開き戸から出入りする）。坐面と足置きの部分は簀の子状にし、これによって足置き下の抽出しに仕込んだ炭の暖気が上がり、坐っている者を暖めるという仕組みである。さらに、椅子のまわりを取り囲む板の上に扶手匣、つまり轎（かご、こし）に乗るときに轅《ながえ》（担ぎ棒）に掛け渡して使う手箱をおいておけば書卓のかわりにもなり、図に描かれているのはちょうどこの扶手匣を置いた様子である。

底部の抽出しから立ち上る暖気は板と戸で締め切られているので逃げることもなく、炭も節約できて一石二鳥。体が温まるだけでなく財布にも優しいという経済性も強調するあたりは、『閒情偶寄』中でも何かにつけ金がないとうったえ、自身の創意工夫についてもしばしば経費

図十　煖椅

がかからないことを売りにする笠翁にあっては、ほぼお決まりとなったパターンの一つであるが、煖椅にいたってはそれだけにとどまらない。書卓のかわりにすることは先述のとおりだが、卓面にあたる部分に穴をあけて硯を塡め込めば、厳冬にも墨汁が凍てつくこともない、そのうえ、炭の上に灰をかぶせて香を置けば香炉がわりに、こうしておいて坐ると着ている衣類に香りを焚き込めることができるから薫籠（伏籠、ふせご）がわりに、眠くなったら枕に凭りかかって座席も兼ねた寝台になり（少し狭すぎるようだが）、食事もできるから食卓に、さらに、出掛けるときには轎にもなり（どうにかして轅を取り付けるつもりなのだろう）、また夕方に寝具を入れておけばこれらを暖めることができ（今でいう布団乾燥機）、朝起きるときに衣類を入れておけば暖かい着物が着られる、「これは身体のためにも、用事のためにも、寝台や、食卓や、轎や、香炉や、薫籠にもなるし、朝夕父母に仕える孝子でもあり、人に親切な賢婦でもある。すべてこの一つの物で代えられるのである」と、まあ至れり尽くせり、どこまで本気かは知れないが、これでもかといわんばかりの多機能ぶりである。

伊藤漱平は、この煖椅の図は李漁自身が腰掛けているのを描かせたもので、かれの肖像画ではないかとの考えを示しておられ、あるいはそうかもしれない（伊藤漱平「李笠翁の肖像画」上・下）。ただ、そのことの真偽はさておいて、この煖椅は器玩部で唯一挿絵のあるもので、それだけに器玩部では目玉となる一品と位置づけていたといえるだろう。

さて、以上は笠翁がお届けする「新奇」な自信作三点をご紹介してきたわけであるが、いずれも確かにその創意の巧みさは認められるところがあり、また便面窓と尺幅窓に関しては、装飾的な空窓（壁に穴をあけただけのくりぬき窓）や框景という後代にも庭園意匠の手法として定着した要素も含まれていることから、たとえそのままの形ではなくとも、広く受け入れられたアイデアだったといっていいだろう。しかしながら李漁の具体的な提案をみせられると、とくにここで挙げたものがこの著作の売り物として力を入れて紹介された品々だからという面はあろうが、いずれも人の耳目を驚かすようなところがあり、先に述べた、たんなる荒唐無稽ではよろしくない、少しだけ目先を変えたものでなくてはならない、という主張とは、いささか相容れないような感覚にも襲われるのであるが、いかがであろうか。たしかに人を驚かすところがあってこその「新奇」であるともいえ、こうした性質はかれの戯曲などの文学作品にも見いだせる特徴であるから、この程度が李漁にとっての妥当な範囲内だと考えるべきなのかもしれないが、居室・器玩部にはここに挙げたものに類する考案品がつぎつぎと紹介されている。

はじめに『閒情偶寄』という著作は文人趣味書の一つに数えられていると述べたが、文人趣味書というのは、個別にみるとその内容は多岐にわたるとはいえ、ある種、文人的生活のマニュアル本といった性格を持っているものである。文人の趣味生活に関わるさまざまな事物について、古人の文章を引用し、あるいは自らの思想を述べることで、文人である撰者の審美眼にかなうのはどのようなことがらかを示す、そして、それが撰者の意図するところか否かにかかわらず、とても文人的教養をそなえているとはいえない層の人々に対してもそれを教え、かれらが模倣するための指針を与えたのである。それゆえ文人趣味書というのは、筆者のような生活空間史を研究するものにとっては、ある時期の一定層における居住空間の姿を探り、あるいは、少なくともその理想を読み取ることのできる、重要なよりどころの一つとなっているわけである。

さて、李漁がどこからどうみても文人だといえるかどうかは別の問題として、『閒情偶寄』もまた、かれの考える物事のあるべき様相を主張するもので、とくに居室部、器玩部については、生活環境におけるそれを述べるものにほかならない。しかしながら、この著作がほかの文人趣味書と決定的に異なるのは、ほとんどの条目が李漁の考案した「新奇」なアイデア、考案品の紹介に費やされていることである。完全な創意と呼べるかどうか判別しがたい例もあるのだが、それらを省いても、単純に条目数で数えて約六割で李漁の創意工夫が紹介されている。【条目表】参照。網掛けしたものが李漁のアイデア紹介の条。一条に複数紹介されるものもある。）考案品といっても、前項で紹介した三種と比べ、もっと取るに足らないとも思えるものがいくつも含まれており（卓の脚の下に入れる差し込みなど）、また「雅」、つまり風雅、高雅の情趣を求めるためのものと、「俗」、利便性、合理性を求めるためものとの両方がある。

日本においては、この居室・器玩部が中国文人の生活空間を伝える代表的な書物として受け入れられ、これの記述に基づいた図譜まで刊行されたのであるが（実際には同時期の別の著作『花鏡』の記事に半分ほど拠っているのだが）、それとはうらはらに、「新奇」の紹介にほぼ終始する、つまりは当時においては一般におこなわれていなかった事物について述べるという著作の性格がたたって、李漁の文章からある程度の広がりをもった層における居住文化の情報を抽出することは、なかなか面倒なのである。

第四節　「モノ」語り？　騙り？

―「新奇」なアイデアは本当に実践されたのか―

この著作が生活空間史の史料としては扱いづらい面があるというのは、李漁の創意工夫がどうにも常人にとっては洒落が効きすぎていて奇抜に思えるもので、さらにはその説明のほうも本気とも冗談ともつかないような語り口であることから、その「新奇」なアイデアを本当に実行していたのか、もしくは本当にその気があったのか、どうにも疑わしく思えてしまうからでもある。

「モノ」に関する語り口

李漁のアイデアがどれほど世間に受け入れられたかは別として、たしかになかなか興趣に富んでいたり、利便性にかなったりと、秀逸なところがあるのはすでに紹介した諸例からも認めてよいのではないかと思うのであるが、なかにはあまりに奇想天外であったり、洒落が効きすぎて本気かどうか疑わしいというものも含まれている。たとえば前章で紹介した尺幅窓も相当洒落の効いたしろもので、もしも訪問先であのような窓があったらおそらく笑ってしまうだろう。この窓について説明した最後の部分には、実際に李漁自身もこれをみて「知らぬ間に大笑いして声がでてしまったところ、妻子たちもやってきて、またわたしが笑っているものを笑ったのであった」（居室部、窓欄、取景在借）という。こうしたエピソードが添えられているのであれば、尺幅窓に関しては実行したものと考えるのがよいのかも知れないが、アイデア自体は冗談かと思ってしまうようなものではなかろうか。

さらに、李漁がこうした「モノ」について述べる語り口もまた、読む者を惑わせる。そもそもかれの文章は比較的平易なものであって、質難しい語句を並べ立てたような文章ではない。読者に語りかけるように、そしてたいへん饒舌にみずからの言わんとするところを説明しつくそうとするのである。居室・器玩部でモノに関して述べる場合にも同様で、そのつくりや長所、短所を説明的に述べるのであるが、とくに自身の創意について紹介する場合には、その効用を、時に大げさに過ぎるほどにこれでもかと語りたてるものだから、逆に胡散臭さを醸しだすところがあるのは否めない。そのうえ、そこで紹介するのが笠翁お得意のユーモアをはらんだモノであれば、それがまたわざわいして、読むこちら側としては、これは冗談だろうか、本当にこんなことをやったのだろうか、こんなモノを使っていたのだろうかと、疑念を感じずにはおれないのである。

じつは、李漁が紹介する新奇の品々には、アイデアがあるだけで実行していないとかれ自身がいうものもある。先述の自信作、便面窓がそうで、ながながとこの窓の効用を述べ尽くしたあと、次の文章が続くのである。

悔やまれるのは、やる気はあったがその力がなくてこの船を造ることができず、結局残念なことになってしまった。このたびは白門（南京）へ住居を移すところなので、西湖の薄情者となってしまったのである。いつこの願いがかなうか見通しは立たず、どうすれば成し遂げられるのだろうか。しかたがないのでその要所をちょっと使い、この窓を楼閣上に設け、鍾山（南京の紫金山）の景色を眺めることにした。しかしこれでは最初の構想とは違い、わずかにその造作を留めているだけである。（居室部、窓欄、取景在借、便面窓）

この窓を設けることでいかにすばらしい情趣が得られるかをさんざん聞かされ、そこまで言うからにはとうぜん李漁の経験に基づく談だと思い込み期待を持たされた読者にとっては、ここにきてとたんに肩透かしをくった具合になる。おいおい、やってないのか、と。

こうしてみずから実践しなかったことを申告する例があるからには、そうでないものは実践済みだと考えてよいのかも知れないが、こうして芽生えた一抹の疑念は、李漁の洒落気をふんだんに帯びたアイデアと、それを売り込むセールストークの饒舌さにあてられるたびにむくむくと膨らんで、筆者など一読し終えたころには彼のいうことを信用していいものだかすっかりわからなくなってしまった。

これは何も筆者だけが過剰反応してしまったわけではないらしく、ほかにも同じような疑念を持たれた方がいる。岡晴夫は、李漁の著作全般にわたってこうした大げさな語り口調がみられることを指摘し、『閒情偶寄』居室・器玩部についても次のように言う。

〝家屋インテリア論〟とも言うべき、居室器玩二部については……それらに対しては何かちょっとした目新しいアイディアなり思いつきを附与して主軸と成し、それをいかにも卓絶した素晴らしい発案であるかの如くに最大限に誇張拡大し、目いっぱいご大層にぶち上げ豪語して、文を舞わせてみせることであった。そのちょっとした目新しいアイディアやら思いつき、それがすなわち笠翁にとっての〝新奇〟であり、あたかも戯曲のなかの〝シカケ趣向〟にも相当するものだったと言えるであろう。

いずれも真正面から論じようとするまじめ真当なるものではない。読者をつねに深く意識し念頭に置いて、その〝面白さ〟がわかる読み手に対して読ませるためにはどうすればよいかを考慮しながら、遊戯の筆を振るい〝戯れ〟てみせているのである。……内容がいかに無責任の出放題デタラメを並べ立てていようとも（実はむしろそこが見所・見せ所なのであるが）、何はともあれ結果的にそれらが筆者の〝一家言〟として読むに堪えるだけの面白さをもっていさえするならば、それで目的は十分達せられるわけである。（いずれも「閒情偶寄考三」。傍点は原著者による。）

李漁にとっては読んでおもしろいかどうかが重要で、そのためには書かれた内容がデタラメであってもかまわない、むしろ文章の中に意図的にそれを仕組んでいるというわけである。読者に疑念を抱かせる例として氏が取り上げたものには、李漁が器玩部、鑪瓶で披露する、香炉の灰をならすための灰押（はいおさえ、鍬）の改良品がある。これは、従来の灰押であれば全体をならすのに何回かに分けて押さえなければならないところを一回で済ませられるよう、香炉の口の形に合わせて木型をつくり、灰の上から押さえつけるものである。しかも押さえつけた灰に文様を型押しできるよう、木型には彫刻をしておくというのだが、老梅や菊花はまだよいとして、五言絶句を一首刻んだり、八卦全形を彫りつけたりするというのだから、「イカガワシイ眉唾な話」となってしまうのではないかというのである。

一方で、李漁の記述の真偽に関しては全く別のとらえ方もある。大平久代「李漁の創作態度と実作」では、かれが記した内容はその実体験に基づくものだとみるのである。

> 「閑情偶寄」の建築を扱った部分は一般の評価も高く、室内の作りから調度品、庭園の造作や植栽まで細かく記述されている。そして特徴的なものはそのすべてがかれの経験に基づいて書かれたと感じさせることである。実に具体的で実物に即しており、かれの趣味が本物であったといわざるをえない。

李漁は経験の人である。自分の興味の向くものには実践を欠かさない。そしてそれから得られた知識を文章に表現する。当たり前のように聞こえるが、これは中国の伝統的学問の方法ではない。中国では始めに文献ありき、経験より文字が優先する。

たしかに聯匾の項には、実在の人物が揮毫したという題字や聯句、建物名が図に表されており、少なくともこれらに関しては全くのデタラメとは考えにくい（図四、五、六）。両者の説とも『閒情偶寄』の内容を、実践に基づく経験の「語り」か、あるいは読み物としてのおもしろさを求め、デタラメを並べた口先だけの「騙り」か、一概にすべてをどちらかと決めつけたものではないが、考案アイデアの実践に関して全く正反対の評価が下されている。いったい実のところはどうなのか。かれの作品の実物でも残っていればその真偽は明らかになるのだが。

李漁の書簡—芥子園名箋—

なんとも幸いなことに、その考案品の実物で現存するものがあったのである。先に紹介した、李漁が売り出していた箋紙がそれである。

まずは、李漁が『閒情偶寄』に残したその記録をみておこう。

……すでに作ったものには、韻事箋八種と織錦箋十種がある。韻事とは何か？　題石、題軸、扇面、書巻（書籍）、剖竹（竹符）、雪蕉（雪中芭蕉）、巻子、冊子がそれである。錦紋十種とは、いずれも〔晋の蘇蕙が璇璣詩を錦に織って夫に贈った〕回文織錦に倣って紙面いっぱいを錦に見立てるが、ただ、文様のないところをのこしておき、かわりにそこへ文字を書けば、その書ができあがると織りあげた回文とかわりなくなる。十種の錦紋はそれぞれ別のものにし、文字を書き入れる場所も同じにならないようにする。（器玩部、制度、箋簡）

この文中には、かれが実際に作製した箋紙として韻事箋八種と織錦箋十種を挙げているが、前者は文中にみえる八種のモノを象った箋紙である。また、織錦箋十種がモチーフとした晋、蘇蕙の璇璣詩とはいわゆる回文になった詩で、二十九行×二十九列、八百四十一字もの文字を錦一面に織りあげ、その文字列をさまざまな場所からさまざまな方向へ読んでいくと詩になっているというものであるが、その文字列の異なる十箇所を選んで箋紙にしたというものらしい。この故事は『晋書』巻九十六にみえ、また李漁はこれを題材に小説『合錦回文伝』も書いている。このほかにも、前節に引いた箋簡の条文中には、魚書、雁帛、竹刺などの名が挙がっている。

『顔氏家蔵尺牘』中の李漁書簡

さて、顔光敏という人物に宛てられた書簡がまとまって残り、その釈文が『海山仙館叢書』に収録されているのだが、現在は上海図書館に所蔵される原本が『顔氏家蔵尺牘』として影印出版されている。顔光敏（崇禎十三〔一六四〇〕～康熙二十五〔一六八六〕）、字は遜甫、また修来、号は楽圃、山東曲阜の人で、康熙六年（一六六七）の進士。兄の顔光猷とともに、李漁と親交があった。

『顔氏家蔵尺牘』中には、この顔光敏に宛てた李漁の書簡が四通含まれ、いずれも康熙十二年から翌年頭の、李漁が北京に滞在していた時期のものである。第二節に紹介した器玩部の箋簡条文でも自作自刻の箋紙を宣伝していたが、書簡の第三通にも北京在住の顔光敏にこれの購入を持ちかけて、その注文に便利なようにと目録を添付しているのである。

箋目

韻事箋、毎束四十、製錦箋、毎束四十、毎束計價壹銭貳分。

書巻啓、代摺啓、衣帯啓、以上毎束一十、計價三分。

魚封、雁封、什襲封、衣帯封、竹封、以上毎束二十、計價肆分。

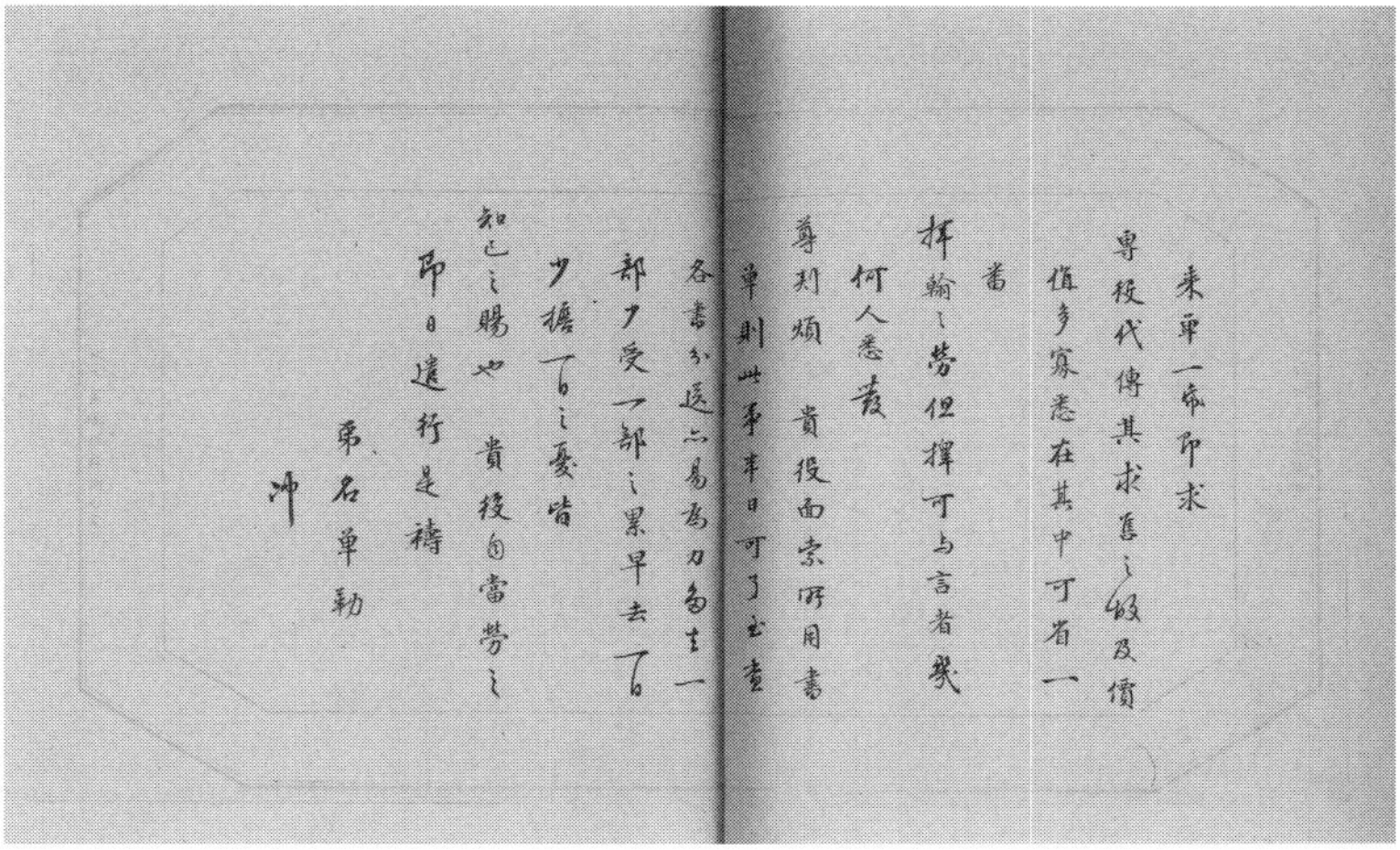
来單一帋所求
専役代傳其求售之紙及價
值多寡悉在其中可省一
番
拝輸之勞但揮可与言者然
何人悉蔵
尊刻煩　貴役面索所用書
单則此事未日可了也查
各書於遠亦易爲力為左一
部乃受一部之累早去一百
少擔一百之憂皆
知己之賜也　貴役自當勞之
即日遠行是禱
弟名单勒
沖

図十一　制（製）錦箋

うち、「韻事箋」は『閒情偶寄』箋簡に記載の韻事箋八種であろう。また、書巻、魚、雁、竹と箋簡の条文にもみえる形のものが含まれており、この書簡からすると、どうやらこれらに関しては本当に製作し販売していたとうかがえる。

そのうえこれらの書簡で李漁自身が箋紙として使っているのが、なんとこの箋目に挙がった制（製）錦箋（図十一）、書巻啓（図十二）、衣帯啓なのである。制錦箋の右端には「制錦箋。笠翁新制」、また左端には「芥子園蔵板。竊翻必究」との文字がみえ、また書巻啓の本の題簽を象った箇所には「書巻啓　笠翁新制」、板心下部には「芥子園蔵版。竊刻者必究」とあって、自らのデザインであることをしっかりアピールしており、そのうえこれら箋紙の販売所である芥子園に版権があって海賊版を作れば必ず追求すると、あらかじめご丁寧に宣告している。これも版権侵害について

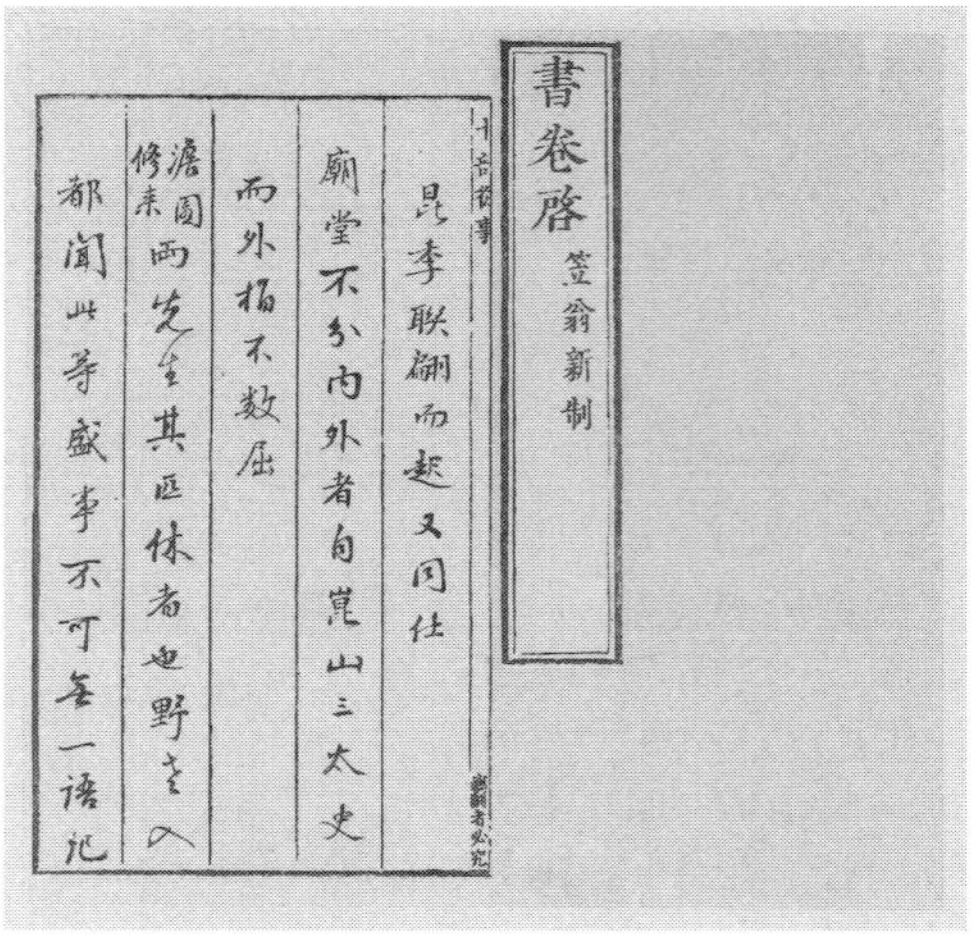

書巻啓　笠翁新制

十部従事

昆季聯翩而起又同仕

廟堂不分内外者自崑山三太史

而外指不数屈

滬園 修来 両先生其亞休者也野寺以

都聞此等盛事不可無一語記

翻刻者必究

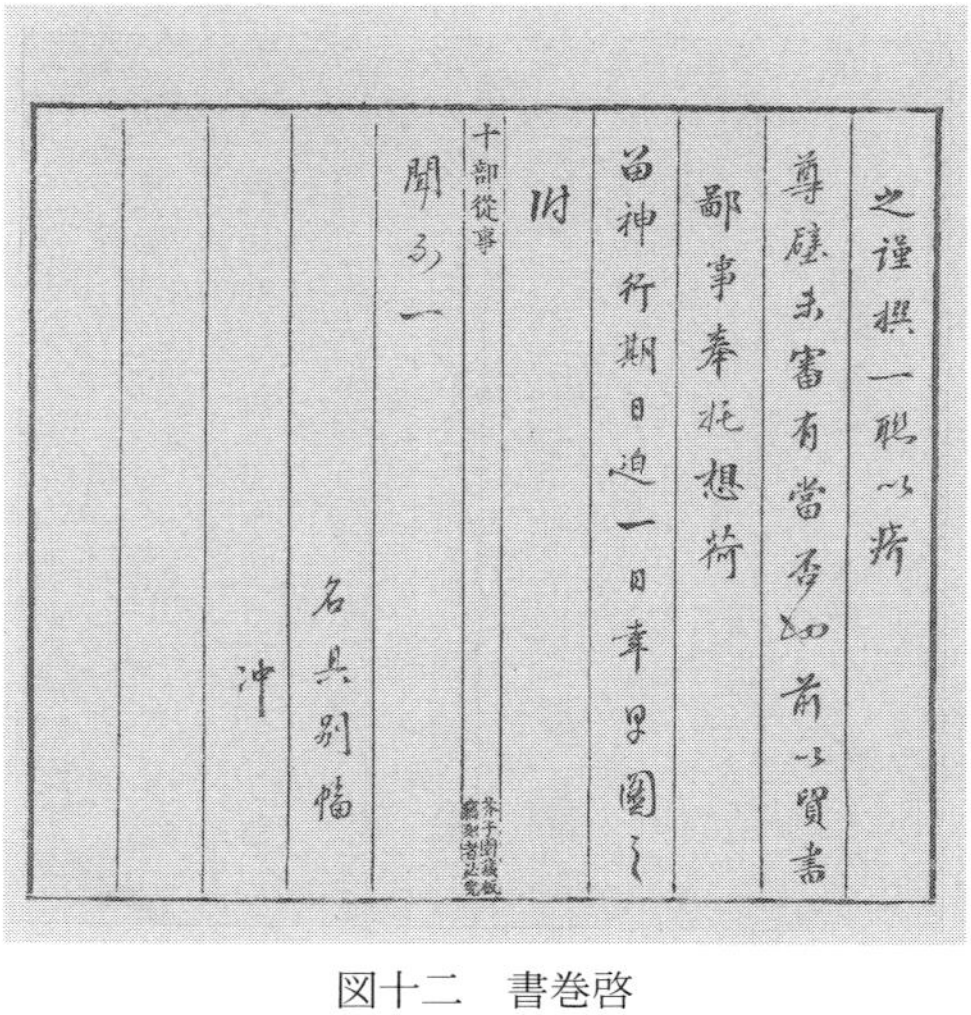

之謹拱一眼以俟

尊駐未審有當否如前以貿書

鄙事奉祀想荷

留神行期日迫一日幸早圖之

附

十部従事

聞予一

名具別幅

冲

芥子園藏板 翻刻者必究

図十二　書巻啓

あらかじめ釘を刺すという『閒情偶寄』での態度と、みごと合致しているではないか。

また、書巻啓の板心上部に注目しておきたい。ここには「十部従事」という文字が刻まれている。この語句は、晋、孫盛『晋陽秋』（『三国志』魏書十五、劉馥伝「子熙嗣」裴松之注引）に典拠があり、劉弘は郡守の任免のたびに自ら手書して手紙を送り、それが丁寧で親密であったので、人々はみな感激し、争ってかれのもとに馳せ参じて、「劉公に一枚の文書を頂くのは、十人の部従事（十部従事）に勝る」と言った。

というものである。この四字の刻まれた板心の上部は、通常その本の書名が記される箇所であるのだが、書巻に見立てたこの箋紙の書名として「十部従事」という手紙に関わる故事に由来する語句を入れる、こうした細部までぬかりなく洒落を効かせるところなどは、これを使いたいかどうかは別としても感心してしまう。ある種大衆化した知識ではあろうが、教養に裏打ちされたユーモアにあふれた一品なのである。

この一件からのみ、すべての創作アイデアが実体験に基づくものか否かを判断することはもちろんできないのだが、李漁は実際に、こうしたユーモアのあるモノづくりをした人であったことは認められよう。この箋紙のように、冗談のようなアイデアを実践していてもおかしくない、李漁による創意の作を目の当たりにしたあとでは、そのように思えるのである。かれはとにかく一筋縄ではいかない男である。一瞬まさかと思わせるようなものほど、どんなにくだらない（とみえる）ことでも、それでも、あるいはそれゆえに、敢えて自分でやってみせることを旨とする、それを面白がることができてこその笠翁だと、そうとらえるべきかも知れない。

そうだとすると、先に引いた岡、大平両氏の説については、どちらが当たりだというのではなく、むしろ両者を折衷し、冗談のようなことを書きたてて文章をおもしろおかしく仕立てるのであるが、それが本当に洒落から出たアイデアであっても、敢えて実際にやってみる、そうした実践に基づいた記述であると、そう捉えるのがより妥当ではないかと今は考えている。

第五節　むすびにかえて――「下は伝を後に覬《のぞ》まず」――

李漁のあと、十八世紀以降になると、ほぼこの種の文人趣味書は現れなくなるのだが、その数少ない例として次に挙げるものがある。

李漁「新奇」の反動？　追随？

李漁の死から二十年遅れて生まれた黄図珌（康熙三十八〔一六九九〕、一説に三十九〔一七〇〇〕～乾隆三十〔一七六五〕～？）は、字は容之、号は蕉窗居士、看山閣、峰泖（江蘇松江、現上海市松江区）の人、李漁ほど有名ではないが乾隆中に活躍した戯曲作家で、「白蛇伝」を初めて戯曲化した『雷峰塔伝奇』をのこしている。かれにはまた文集『看山閣集』六十四巻があり、そのうちの『閒筆』十二巻は随筆であって、その自序には「乾隆壬申」、つまり十七年（一七五二）の年号がみえるから、この頃に書かれたものらしい。なお、『看山閣集』には乾隆間の刊本がある。

この『看山閣集閒筆』には、『閒情偶寄』のようにさまざまな分野にわたる筆記が収められているのだが、『閒筆』巻九、十の制作部には自ら考案の建具、家具などを紹介し、また巻十一、十二清玩部は、世俗を避けた静かな幽境を整えるための心得や、庭園、庁堂や書斎の様子、そこで用いるべき家具、器物や、あるべき陳設のしかたについて述べた部分であるから、『閒情偶寄』の居室・器玩両部と同じような内容を扱ったものといえよう。また、筆記の対象となるジャンルが同じというだけでなく、文中には『閒情偶寄』の内容に触れる箇所もあり、たとえば、巻十二清玩部、陳設、扁対（匾額と対聯）の条には、「園林の亭や書館の類では、……対聯は、紅く色づいた木の葉をかたどった秋葉や、竹を利用した此君の様式をまねれば、おおよそ雅趣を感じられる」と、『閒情偶寄』居室部、聯匾所載の此君聯と秋葉匾（図五、六）に言及しているから、明らかに黄図珌は『閒情偶寄』を読んでおり、それを意識しているとみてよいだろう。

こうした李漁からの影響は明らかであるのだが、その文中で述べられるモノに対する思想においては、「新奇」より「仿古」（古式に倣うこと）を強調する。巻九制作部、序に、つくりは必ずしも目新しさを好まず、雅を求めるべきである。雅というのは、古式に倣うより良いものはない。……つくりの上での雅というのは、古式に倣わずしてどうして得られようか。それなのに、なにも目新しさを好んでむだに高雅の士のもの笑いとならなくてもよいではないか。

というのだが、とくに目新しさを好むこと（「好奇」）を批判する最後の一文などは、これまで李漁による「新奇」の追求を目の当たりにしてきただけに、どうにもかれを誹っているように思えてしまう。

それが当たっているかどうかはさておき、『閒筆』の制作部に黄図珌の考案品をみてみると、「仿古」を尊び「好奇」を退けるというわりには奇をてらったものもあり、どこが古式に則ったものなのか、いささか困惑してしまうところがある。制作部自体は凡俗を脱するために考案した新式を紹介するものであるから、もちろん新味はあって当然なのであるが、簾の文様として梅枝や月、太極図、木の葉を用いるような比較的穏当なものもありながら、部屋の門戸については、壁に岩山の絵を描き、その山肌のくぼんだところに扉を仕込んで洞窟に入るような具合にした騙し絵的なものや（「画中扉」、図十三）、李漁の尺幅窓のように、扉の周りに衝立を象った框を仕立て、その内側の絵をはめた部分を開け閉めして出入りするようなアイデアもあって、これらなどは「仿古」というよりも「好奇」に走っているようにみえるのだが、どうだろうか。

しかしそうかといって、部屋の戸を琴、花瓶、竹片に象ってみたり（「膽瓶門」という花瓶形の扉では、瓶の口の部分に水を入れる容器を仕込んで本当に花を生ける）、三角形の卓や燭台を提案してみたりするのは、たしかに「新奇」、目新しくはあるけれども、李漁のアイデアに比べてみると、かれの求めたように意義をともなうものにはみえない。

図十三　『看山閣集閒筆』画中扉
（図の下部中央に扉がある）

また、『閒筆』の「天然図画」と題された考案品は絵の掛軸を模したもので、その図（図十四）をみただけでは単なる山水画の掛軸にみえるのであるが、掛軸表装中央の絵の部分に浅い木箱を塡め込み、その中には石を畳んで山とし、小さな樹を植え込み、ところどころに木彫の亭や橋などを配して箱庭のようにしたもので、これを堂内に掛けるのだという。なるほど、ミニチュアの自然、三次元の山水画で「天然図画」というわけである。なかなかおもしろい発想ではあるのだが、これをみて何かを思い起こさないだろうか。そう、李漁の

図十四　『看山閣集閒筆』天然図画

「尺幅窓」である。李漁は築山（中国語で「仮山」）、つまりは仮の山水を絵画に見立てて取り込んだわけであるが、「天然図画」の方は、こちらも素材は天然だとはいえ、仮の山水のそのまた仮とでもいうべき姿、すでに「尺幅窓」を見てしまったわれわれにとっては、何とも残念なことに黄図珌の「天然図画」はややインパクトに欠けるというか、大胆さが乏しいというか、そうした印象が否めないのである。李漁に対してはどうしても黄図珌のほうが二番煎じになるのは気の毒であるが、明らかに着想の妙からみれば李漁に軍配が上がろう。

すでに述べたとおり、黄図珌はこの随筆の制作部と清玩部を執筆するにあたっては、李漁の『閒情偶寄』居室・器玩部を意識するところがあり、「天然図画」もおそらく尺幅窓から着想したものであろうが、黄図珌が「好奇」より「仿古」を尊ぶのは、李漁が「新奇」にこだわったことへの反動なのか、明末の『長物志』などにみえる古式の尊重のほうを好んだもののようである。しかし黄図珌の考案品をみてみると、結果としては李漁に追随するように、凡庸から逃れるべく創意工夫を凝らしてみている。それでもそのセンスの問題か、経験の違いからか、李漁ほどの境地には至れなかったといったところであろう。こうしてほかの人物の考案品と比べてみると、李漁のアイデアがいっそう際立ってみえ、かれと同じことをするのが実際にはいかに難しいかがわかる。

なお、蛇足ながら付け加えておくと、内容的には『看山閒筆』のほうがより体系が整っており、執筆当時の居住文化を知るにはこちらのほう、とくに清玩部の陳設などは、『閒情偶寄』の居室・器玩部よりもよっぽど役に立つ。一方的に黄図珌をけなすかたちになってしまったが、筆者としてもかれの著作に取るところがないと考えているわけではないのである。

「自ら思慮をつくして試みる」

さて、ここでいまいちど『閒情偶寄』に立ち返り、その居室・器玩部が文人的（あるいは山人的）生活のマニュアル本だとして、その最も重要な教えは何かという点について考えてみたい。

人が言うには、「俗を雅に変えるのは、ちょうど鉄を打って金にするようなもので、これは世俗を離れ山林中で暮らす処世の術（原文「山林経済」）を具えた人にだけできることでしょう、それをすべての人に求められましょうか」と。わたしはこう答えた。「雪を積んで獅子をつくり、竹を伐って竹馬をつくるのは、小さな子供でも簡単にやっています。どうして子供も処世の術を身につけていましょうか」。耳目があれば見聞きできるから道理に通じ、頭があればうまい工夫がうかぶものである。ただ、自ら企画することを馬鹿にして、とことんまで考えてやってみたことがないのは困ったものだ。（器玩部、制度序）

この文中に述べられたとおり、自分自身で工夫して実践せよ、というのが、この著作の一番の教えであろう。しかし、だれでもできると言いながら、じつは李漁ほどうまくやるのはやはり難しい。このことは黄図珌の例がよく示しているし、おそらく李漁本人も、長年の実践を経てよく承知していたはずである。

ここに「山林経済」という語句があらわれるが、明清交代の折、李漁にも戦乱を避けて山居した時期があった。明の崇禎十七年（一六四四）、つまり清の順治元年、かれが三十四歳のときである。この年、明の崇禎帝が自縊死して明は滅亡、農民反乱を率いて北京を占拠していた李自成を清軍が破り、北京に入城すると、全国騒然として金華にいた李漁も山中に入り乱を避けた。結局この戦乱で家を失い、浙江金華府通判（知府の補佐として財政をつかさどる職）である許檄彩の幕客（私設秘書）となった。

同時代には、同じような経験をした知識人は山といただろう。ただ、かれはこの苦境を『閒情偶寄』頤養部、夏季行楽之法において、酷暑の時期にも客に会わずにいられるから頭巾もかぶらず衫も靴も着けずにおり、また、滝で硯を洗い、積雪で茶を煮、瓜が食べたければ戸外に生えているし、果実がほしければ果樹の下に落ちているという生活で、「人の世の奇聞を極め、生まれてこのかたの至楽をほしいままにした」と述べている。避難のさなか、本当にそこまで愉悦の境地にあったのかは言葉半分に受け取らなくてはならないだろうが、それでもこの経験を肯定的に意味づけしようとするのはさすがである。しかし、この騒乱のなか科挙への応試をやめ、結果としていわゆるまっとうな知識人としての将来を絶たれたのも事実であった。

また、旧時代の中国人男性にとっては最も頭を悩ませることの一つであるが、李漁は跡継ぎの男子になかなか恵まれなかった。長男の将舒が生まれたのは、かれがようやく五十歳になった年である。多少の苦境は逆にネタにすらしてみせる、転んでもただでは起きないといった感の李漁像からするとややギャップがあるのだが、三十七歳の年など、男児を授かろうと風水師の言にすがってベッドを作り直しており、苦心を重ねている。(「内子与側室並不宜男、因信堪輿家言改設二榻（家内と妾がどちらも息子を産むのに向いていないので、風水師の言葉を信じてベッド二台を作り直す）……」と題した五言律がある。『笠翁詩集』巻一、五言律）なかなかどうして李漁も人の子で、これもそれほど深刻に悩んでいた証拠である。

こうした決して順当とはいえない人生、さらにはその大半を通じて頭を悩ませ、かれにとっては定番ネタとなった経済的困窮もくわえ、思うに任せない境遇の下、李漁は与えられた条件で自ら工夫を凝らし、生活の用と美を整えてきた。しかも、それを時に自虐的に語りつつも、自らの姿勢を貫き生活の糧にまでつなげてきたかれの、強烈な矜恃が諧謔にあふれた文章の中には通底している。

そして、そんなかれの苦労を必要としなかった文人やその文人趣味への、いい知れない反発もあったのではなかろうか。李漁はあくまで楽天的でユーモアにあふれた人物だというのは間違いではなかろうが、それでもここにみたような境遇にあって、胸に暗いものを抱えていなかったわけではないはずである。それまでの文人的高雅の感覚からはいかにも俗にみなされそうな、冗談めかしたアイデアまで敢えてやってみせ、世の笑いを誘う、こうした姿勢は、従来の文人趣味、そしてそれをただ安易に享受できる人びとへの反発からあらわれたものとも思われてならない。自らが下にあって笑われているとみせかけて、そのじつ自分を上において、ほかの誰にもまねできないようなことでもって笑わせてやっている、そういう気持ちもあったのではなかろうか。

「下は伝を後に覬《のぞ》まず」

この稿を閉じるにあたって、李漁の詩文集『笠翁一家言』の自序「一家言釈義」から次の文を引いておこう。

「一家言」とは何か？　わたしの生涯に著した詩文と雑著である。近頃の名人の著作はいずれも集と名をつけているが、わたしだけ言葉が違うのはなぜか？　それは、わたしが著した詩文雑著は規格化されておらず、世の形式に合わないからである。上は古い時代に手法を取らず、中は今の時代に似たものを求めず、下は後の時代に伝わることを願ったりしない。自ら一家をなして、言いたいことを言い尽くすだけである。

規格外だ、世間一般の形式に合わないというのは、何もかれの文章だけではあるまい。「モノ」の考案についても同じことを考えていただろう。「後の時代に伝わるのを願わない」などと敢えて言うところは、ここでも数々紹介してきた自身の考案品を売り込む饒舌なセールストークとは相容れない態度のようにも思える。あれだけ自らの創意工夫の妙をたたみかけておきながら、そうした考案品は残らなくてもよいと考えたのだろうかと。

おそらく李漁には、自分ほどの独創性はなかなか発揮できまい、後には続くまいという自信が大いにあったであろう。実際、扇形の空窓や框景など、考案品の部分的な要素が世に定着した例はあるものの、居室部、器玩部で紹介された創意工夫で、かれが提案したままのかたちで世間に受け入れられたモノがどれほどあったのかは、はなはだ疑わしい。また、身のまわりのモノを自ら改良して「新奇」をあらわそうという態度は黄図珌には一応伝わっているようだが、結局李漁のようにはなかなかうまくやれないことを露呈している。そのとおり、「モノ」に関してもかれは後にも先にもない規格外の境地に達し、「一家言」を成し遂げたわけである。

李漁の著作や人物についてはすでに多くの研究成果があり、それらを大いに活用しながら何とかかれの「モノ」についての語り、考え方をたどってみた。いまだ十分な理解には足りないものの、とくに李漁自作の箋紙をとおして、何ともとらえどころのないその人物についてやや輪郭が浮かんだように感じられたのは、筆者としては大きな収穫であった。読者の方々にとっても、この拙文に芥子粒ほどでも得るところがあれば幸いである。

【主要参考文献】

・伊藤漱平「李笠翁の肖像画」上・下（『汲古』第十四・十五号、一九八八・一九八九）

・大木康「山人陳継儒とその出版活動」（『山根幸夫教授退休記念明代史論叢』下、汲古書院、一九九〇）

・大平久代「李漁の創作態度と実作」（『樟蔭女子短期大学紀要　文化研究』第六号、一九九二）
・岡晴夫「閒情偶寄考三」（『藝文研究』第六五号、一九九四、三）
・中田勇次郎訳「閒情偶寄　居室器玩部」（『文房清玩』三、二玄社、一九六二。のち『中田勇次郎著作集』第九巻、二玄社、一九八六に再録。）
・アリソン・ハーディー（Alison Hardie）「明代後期における庭園様式の変遷（The Transition in Garden Style in Late-Ming China）」（田中淡・髙井たかね編『伝統中国の庭園と生活空間―国際シンポジウム報告書』京都大学人文科学研究所、二〇一三）
・黄強「《顔氏家蔵尺牘》中的李漁自列《書目》」（『中山大学学報（社会科学版）』二〇一四年第一期）
・単錦珩「李漁年譜」（浙江古籍出版社編『李漁全集（修訂本）』第十九巻、浙江古籍出版社、一九九二）
・上海図書館編『顔氏家蔵尺牘』上海科学技術文献出版社、二〇〇六

【図版出典】

図一　『閒情偶寄』居室部、窗欄、取景在借、梅窓式（京都大学人文科学研究所蔵金陵翼聖堂康熙十年（一六七一）序刊本）

図二　同、窗欄、制体宜堅、窗櫺縦横格

図三　『園冶』巻三、門窓、門窓図式（渡辺書店、一九七〇年影印隆盛堂刊本）
図四〜六　『閒情偶寄』居室部、聯匾、蕉葉聯・此君聯・秋葉匾
図七　同、窓欄、取景在借、便面窓
図八・九　同、窓欄、取景在借、尺幅窓
図十　『閒情偶寄』器玩部、制度、煖椅
図十一　上海図書館編『顔氏家蔵尺牘』第五冊、李漁之三（上海科学技術文献出版社、二〇〇六）
図十二　同、李漁之一
図十三　『看山閣集閒筆』巻九制作部、門戸、画中扉（『四庫未収書輯刊』十輯十七冊所収、北京出版社、一九九八年影印乾隆刊本）
図十四　同、巻十制作部、雑制、天然図画

付録

【『閒情偶寄』各種テキスト】

『閒情偶寄』の版本には主に二つの系統があり、初版の十六巻本と、のちに『一家言全集』の一部として刊行された六巻本とである。また、和刻本もある。

◎金陵翼聖堂、康熙十年（一六七一）序刊本、十六巻

初版本。『笠翁秘書』第一種として刊行したもの。康熙十七年（一六七八）、同じく翼聖堂が刊行した『笠翁一家言二集』にもこの本が収録された。次の六巻本の系統も同様であるが、句点が打たれている上、とくに注意を引きたい箇所には傍点も付される。

京都大学人文科学研究所にも一部所蔵しており、こちらには「怡顔斎図書」「蒹葭堂蔵書印」の蔵書印があるほか、この本が松岡恕庵（一六六八～一七四六、号は怡顔斎）旧蔵本であるとの蒹葭堂二代目木村孔陽（石居、一七七六～一八三八、初代孔恭の養子）の識語を記した紙が帙の内側に添付してある。

この版の複製には台湾国立中央研究院所蔵本を廣文書局が影印出版したもの（一九七七）があるが、底本に欠葉があるうえ、もとの刷りの不鮮明な箇所を手書きで補った文字に誤りが散見されるため、利用には注意が必要である。

◎『一家言全集』所収『笠翁偶集』六巻（雍正八年（一七三〇）序、芥子園刊本ほか）

李漁の死後、かれの全集『一家言全集』が刊行された際、『閒情偶寄』も『笠翁偶集』という名にあらため、もと十六巻を六巻に編成しなおして収録。こちらのテキストと康熙序刊本には、本文や框郭上側の余白にみえる眉批（評語）に異同がある。

この六巻本を底本として、居室・器玩両部という居住文化関係部分のみを中国営造学社が鉛印している（一九三二。上海科学技術出版社がさらにこれを一九八四年に影印）。

◎和刻本

・享和元年（一八〇一）江戸堀野屋仁兵衛刊本。

居室・器玩部のみを収録、返点が付されている。

・これに先立つ明和七年（一七七〇）刊『笠翁居室図式』（宋紫石『古今画藪後八種』の八）がある。これは『閒情偶寄』の居室・器玩部、および康熙二十七年（一六八八）刊行の花卉園芸書、陳淏子『花鏡』巻二、花園款設八則にみえる室内陳設をもとに図を描き起こした図譜。中田勇次郎によるとこちらには崎陽（長崎）刊本もあるとのこと。

【李漁略年譜】

明、万暦三九年（一六一一）、一歳、江蘇如皐に生まれる。

崇禎　二年（一六二九）、一九歳、父病没。兄が家業を継ぐが、家運が凋落し始める。

八年（一六三五）、二五歳、童試を受験、五経によって選抜される。

一〇年（一六三七）、二七歳、府学生となる。

一二年（一六三九）、二九歳、郷試を受験、落第。以後、及第せず。

一七年（一六四四）、三四歳、三月、農民反乱を率いた李自成が京師を占拠、崇禎帝、自縊死して明滅亡。五月、清軍、李自成を破り北京に入城。一〇月、清は北京を都に定め、順治と改元。全国騒然とし、金華にいた李漁も山中に入り乱を避ける。

清、順治
二年（一六四五）、三五歳、戦乱で家を失い、金華府通判許檄彩の幕客となる。

三年（一六四六）、三六歳、六月、清軍金華に至り、李漁、故郷の蘭溪に戻る。

五年（一六四八）、三八歳、蘭溪伊山に別業を造る。

七年（一六五〇）、四〇歳、杭州に移る。以後、杭州にて伝奇『憐香伴』『風箏誤』『意中縁』『玉掻頭』、小説『無声戯』一集を刊行。

一四年（一六五七）、四七歳、妻女とともに江寧（現南京）に移る。以後、杭州と行き来する。八月、鄭成功、浙江台州府を占拠。この年、伝奇『奈何天』、小説『無声戯』二集刊行。

一五年（一六五八）、四八歳、小説『十二楼』刊行。

一七年（一六六〇）、五〇歳、長男将舒うまれる。

康熙
五年（一六六六）、五六歳、北京訪問。

八年（一六六九）、五九歳、初夏、江寧の芥子園落成。

一〇年（一六七一）、六一歳、立秋、余懐『閒情偶寄』序をつくる。冬、『閒情偶寄』成書（六、七年かけて執筆）。一二月、北京に使いを遣って『閒情偶寄』数十部を送らせる。

一二年（一六七三）、六三歳、二度目の北京訪問。賈漢復のため半畝園を設計する。

一三年（一六七四）、六四歳、初春、北京を離れて南へ帰る。

一六年（一六七七）、六七歳、正月、古巣の杭州に戻る。移住資金のため、別業のほか、自著の板木、妻妾の宝飾品まで売り払ったという。息子の科挙受験のため。杭州に至り、層園に居住。

一八年（一六七九）、六九歳、一年越しの病で外遊できず。一一月、『芥子園画伝』初集序をつくる。

一九年（一六八〇）、七〇歳、正月一三日、杭州にて病没。

四〇年（一七〇一）、娘婿の沈心友が『芥子園画伝』二、三集を刊行。


（単錦珩「李漁年譜」による）

【『閒情偶寄』居室・器玩部条目表】

居室部

房舎第一	1	序（総説）		
	2	向背		
	3	途径		
	4	高下		
	5	出簷深浅		
	6	置頂格		
	7	甃地		
	8	灑掃		
	9	蔵垢納汚		
窓欄第二	10	序		
	11	制体宜堅		
	12		窓櫺縦横格	付　図様
	13		窓櫺欹斜格	付　図様
	14		窓櫺屈曲体	付　図様
	15	取景在借		
	16		便面窓式	付　図様

	17		便面窓外推板装花式	付　図様
	18		便面窓花卉式	付　図様
	19		便面窓虫鳥式	付　図様
	20		尺幅窓式	付　二図
	21		梅窓式	付　図様
牆壁第三	22	序		
	23	界牆		
	24	女牆		
	25	庁壁		
	26	書房壁		
聯匾第四	27	序		
	28	蕉葉聯		付　図様
	29	此君聯		付　図様
	30	碑文額		付　図様
	31	手巻額		付　図様
	32	冊頁匾		付　図様
	33	虚白匾		付　図様
	34	石光匾		付　図様
	35	秋葉匾		付　図様

山石第五	36	序	
	37	大山	
	38	小山	
	39	石壁	
	40	石洞	
	41	零星小石	

器玩部

制度第一、上	1	序	
	2	几案	
	3	椅杌	
	4	煖椅式	付　図様
	5	床帳	
	6	櫥櫃	
	7	箱籠篋笥	
	8	骨董	
	9	罏瓶	
制度第一、下	10	屏軸	

	11	茶具	
	12	酒具	
	13	碗碟	
	14	灯燭	
	15	箋簡	
位置第二	16	忌排偶	
	17	貴活変	

利他と慈悲のかたち

――松本文三郎の仏教美術観――

稲本　泰生

はじめに

松本文三郎（号・亡羊、一八六九～一九四四、図①）は、わが国におけるインド学・仏教学の黎明期に大きな足跡をのこした碩学として知られる。また京都大学人文科学研究所の歴史を語る上でも、欠くことのできない先達の一人である。

昭和四年（一九二九）四月、東方文化学院が発足し、東京と京都に二つの研究所が設置された。(1) この京都研究所が、人文研東方学研究部の前身にあたる。松本は発足の前年から発起人として、創設後は京都研究所の商議員として名を連ねている。(2) 同年七月に大学を退官して名誉教授号を得た松本は、研究所において塚本善隆（一八九八～一九八〇）を研究員とする宗教分野の指導員となった。昭和十三年（一九三八）、京都研究所は東京から分離独立し、東方文化研究所と名を変えた。この再出発の折、松本は狩野直喜（君山、一八六八～一九四七）に替わって初代所長に就任した。

今日、人文研附属東アジア人文情報学研究センターがおかれている建物は、昭和五年（一九三〇）、東方文化学院京都研究所の所屋として竣工した。左京区北白川の住宅街に佇む、スパニッシュロマネスク風の洋館である。中庭に一九三八年に除幕された狩野の銅像（図②）があり、その題字は松本が揮毫している。戦後東方文化研究所は京都大学に移管され、人文研の一部を構成するに至ったが、東洋学の一大拠点としての機能は、その建物とともに、今も継承されている。

松本文三郎の名は『日本大百科全書』（小学館、一九九四）に立項され、以下のように紹介されている。

明治〜昭和期のインド文化および仏教美術史研究の先駆的開拓者。金沢市生まれ。帝国大学文科大学（現東京大学文学部）を卒業後、一高教授を経て、一九〇六年（明治三十九）、京都帝国

図１　松本文三郎（東方文化研究所長時代）

図２　狩野直喜胸像
松田尚之（1898〜1995）作
京都大学人文科学研究所

大学文科大学の開設委員となり、翌々年からは七年余にわたり第二代学長の重責を果たした。引き続き印度（インド）哲学史講座担当教授として二十九年（昭和四）まで京大に在任、その間、学士院会員に推挙された。さらに晩年の六年余は東方文化研究所（京都）所長の任にあたるなど、終始して徳望高き学界の重鎮であり、また卓越した研究活動の組織者であった（執筆・大地原豊）。

また『京都大学文学部の百年』（京都大学大学院文学研究科・文学部、二〇〇六）のインド古典学専修の項にも、以下のような言及がある。(3)

「インド哲学史」講座は一九〇六年の文科大学開設と同時に設置され、開設委員であった松本文三郎（一八六九〜一九四四）が教授となり講座を担当した。一九二六年に宗教学第三講座（仏教学）が創設されるまでは、仏教学も本講座において併せ講ぜられた。松本は教義学的傾向の強い在来の仏教学を、厳密な史料批判を媒介とする近代の学問へと発展させた（執筆・赤松明彦）。

小稿では主に「仏教美術との関わり」という観点から松本の著作に接し、その所説の意義を検討してみたい。「清玩」を掲げる当講座の趣旨に沿って、テーマを設定した次第である。ただ、近年ようやく主著『極楽浄土論』『弥勒浄土論』が平凡社東洋文庫の一冊として復刊されたものの、(4) その生涯や人物が顧みられることは少ない。かかる現状に鑑み、筆者はその任に堪えないと承知しつつも、以下でまず松本の事蹟を、前半生を中心にたどっておきたい。在欧中の様子など、そこには松本が仏教美術に向けた視線を理解する手掛かりも、少なからず認められる。

第一節　真理を以て人を暁す——その生涯と人物像

青年期の交友関係と修学

明治二年（一八六九）に金沢に生まれた松本は同十九年（一八八六）に第四高等学校理科に進学、翌年文科に転じた。同校では同期及び一級下の友人らが結成した親睦会「我尊会」（活動期間は一八八九年五月〜九〇年七月）に参加した。その中には木村栄（一八七〇〜一九四三、天文学者）、金田良吉（山本良吉、一八七一〜一九四二、教育者。旧制武蔵高校校長など）、藤岡作太郎（一八七〇〜一九一〇。国文学者）、鈴木貞太郎（大拙、一八七〇〜一九六六。仏教者、仏教学者）、西田幾多郎（一八七

○～一九四五、哲学者）などの逸材があった。

西田は『我尊会有翼文稿』（有翼は西田の号）に収める文章のなかで、木公（文三郎）と無見（金田良吉）の人物像を、両者の対比によって巧みに描いている。(5)

共に天才炯々、書をよめば眼光紙背に徹し、人品高尚、之に対せば泰然大人の如く、共に推理に巧にして抽象をよくす。（略）木公は人と争はず、無見は弁論をこのむ。木公は頑固の僻あり、無見は高慢の僻あり。木公はよく人を容れ、無見は磊々親み難し。（略）木公は学事に精しく、無見は時務をしる。木公は眞理を以て人を暁し、無見は辯口を以て人を服す。木公は碩学を以て人之を敬し、無見は才士を以て人之を尊ぶ。要するに木公は顔回の如く、無見は孟軻の如し。（略）而して木公の文は実あり、無見の文は華あり。木公の文は真理を以て充ち、無見の文は慷慨を以て満ち、木公の文は天理をとき、無見の文は時事を評す。（略）若し二子優劣を示さば無見は文を以て勝ち、木公は学を以て勝つ

（『西田幾多郎全集』第十六巻、六一六頁）。

その能力を顔回に準えるなど過剰な讃美だが、当時からすでに学究肌の、そして博覧強記を以て鳴る秀才として、周囲が一目置く存在だったことがうかがえる。

明治二十三年（一八九〇）に同校を卒業した松本は上京、帝国大学文科大学に学んだ。同期生に夏目金之助（漱石、一八六七〜一九一六）があった。また漱石の親友正岡常規（子規、一八六七〜一九〇二）は、本郷追分町の松本と同じ下宿に居住（「頗る広い庭園を有した下宿の離屋」）していた。子規の部屋を漱石が訪れた折、松本はしばしば同席したという。「傍聴者に過ぎなかった」と謙遜するものの、「子規は盛に俳句を評論し、小説を批判して居た。（中略）漱石も当時既に俳句を作つて居たのであらうが、斯かる席上では評論を主とし、自作を示すやうなことはなかつた」といい、両人の文学論を肉声で聴いていたことになる（松本文三郎「漱石の思ひ出」、『漱石全集』月報十六、一九三七）。

ともあれ明治二六年（一八九三）に文科大学を卒業、大学院に入学した松本は、その後哲学館（現東洋大学）・国学院・立教大学・東京専門学校（現早稲田大学）・帝国大学文科大学などで講師として教鞭をとり、明治三二年（一八九九）四月には文学博士の学位を取得、第一高等学校教授に任ぜられた。

ドイツ留学へ

一高教授着任直後の明治三二年五月、松本は満三年間のドイツ留学を命ぜられた。六月十三日に上野精養軒にて送別会が開かれている（「雑報」、『哲学雑誌』一五〇、一八九九）。また文科大学時代の師の一人である井上哲次郎（巽軒、一八五六〜一九四四）は、「送松本文三郎君赴西洋」と題する七言絶句を餞に贈っている。(6)

壮壮勃勃出都門　壮壮勃勃　都門を出づ
九万鵬程目断昏　九万の鵬程　目　昏に断ず
酸雨悽風君勿問　酸雨悽風　君問ふ勿れ
只応哲学求淵源　只だ応に哲学は　淵源を求むべし

ベルリン大学附属東洋語学校の日本語教師として赴任、十一月五日に同地に到着した巖谷季雄（小波、一八七〇〜一九三三）の滞在記には、十一月二五日に松本が巖谷のもとを訪問、和洋の文学談義を行ったという記事がある。(7) 松本は遅くともこれ以前にベルリン入りしていたことになる。

東京で大学院に進学するにあたって松本が掲げた専攻は、「知識論及純正哲学」だった。留学前に哲学館で行った講義録が現存しているが、それらのタイトルも『シオペンハワー哲学提要』『最近哲学史』『哲学概論』『認識論提要』『支那哲学史』である。しかし留学の目的が純正哲学ではなく「印度哲学修行」に存したことは、同年刊行された『哲学雑誌』一五〇号収載の「雑報」に明記するとおりで、松本が予めこの分野に照準を定めてドイツに赴いたことがわかる。この記事の執筆者は「明確なる論理的思弁は、松本博士独特の利器なり、仏教哲学が、従来の面目を一新し、以て我学界に一生面を開くの日、期して待つべし」と将来を嘱望している。

松本がベルリンから哲学館主、井上円了（一八五八〜一九一九）に寄せた書簡（松本文三郎「独逸通信」〔『東洋哲学』七―一〇、一九〇〇〕）には、当地における東洋学、特にインド・チベットなどの語学研究の盛大さが、実際の予想より一層盛んであることへの驚きが率直に綴られている。松本は「日本一般の仏教者」が「啻に支那訳の経典をのみ論拠となし、若くは末疏註釈によりて以て私教を講習する」様子を「実に笑止の至に堪えず」と断言する。護教的な立場の者が考証的な仏教研究の興隆に危険を感じることに対しても「歴史的研究は現時の仏教を破壊する者なり等と考ふるやも難計候へ共、是れ実に其無学の致す所にして取るに足らざる論」と容赦ない。

東洋学の隆盛と哲学の衰退

右の書簡で、松本はベルリンにおける東洋諸学研究の隆盛を述べる一方、大学院入学当初志した哲学研究の凋落に「当地に於て最も衰微の状態を呈し居るは蔽ふ可らざるの事実」と冷たい視線を向ける。認識論についても、ベルリン大学では二三の教授が講じているものの、関連する著述は東洋諸学の充実ぶりに比して「実に心細き次第」であるという。ニーチェ Friedrich Wilhelm Nietzsche（一八四四〜一九〇〇）の著作にしても学界では影響力を持たず、ショーペンハウアー Arthur Schopenhauer（一七八八〜一八六〇）が『パレルガ・ウント・パラリポメナ Parerga und Paralipomena（余録と補遺）』で名声を博しているのと同様、文章の巧さと一種奇警な思想を以て、一般民間で読まれているに過ぎないとしている。

別の書簡（「彙報」『哲学雑誌』一五七、一九〇〇）では、ライプチヒにあったヴント Wilhelm Max Wundt（一八三二〜一九二〇）が高評であるとしつつ、当時ベルリン大学で講義を行っていたディルタイ Wilhelm Christian Ludwig Dilthey（一八三三〜一九一一）やジンメル Georg Simmel（一八五八〜一九五八）には言及するところがない。またラッソン Adolf Lasson（一八三二〜一九一七）の宗教哲学（信と知）、プフライデラー Otto Pfleiderer（一八三九〜一九〇八）の宗教哲学史を聴講しているが、キリスト教に改宗したユダヤ系ドイツ人哲学者による前者は「余り面白き事も無之」、プロテスタント神学者による後者は「左程聴くべき価も無く」といい、その評価は頗る低い。

これに対して明治三四年（一九〇一）の吉田賢龍（一八七〇〜一九四三）宛書簡（「彙報」『哲学雑誌』一六七、一九〇一）では、英国のサンスクリット学者ミュラー Max Müller（一八二三〜一九〇〇）の逝去に言及して「斯学に於ける功績は莫大」と評する一方、ヴェーダ学の泰斗ヴェーバー Albrecht Friedrich Weber（一八二五〜一九〇一）の講筵に列したことを記している。松本は老教授が参考書や引用箇所の細部に至るまで全てを暗記し、終始手に何ももたずに淀みなく話すことに舌を巻いており、講義の様子がかつて文科大学で聴講した漢学者島田重礼（篁村、一八三八〜一八九八）と酷似し、そのさらに上をいくと述べている。

松本は前述の井上円了宛書簡において、東洋学と哲学の間でかくも大きな差がついた要因は「極めて単純」であるという。「独逸其他諸国の東洋学者」は「皆語学の研究よりして之に入れるもの」であって、「哲学の範囲より之に入れるもの」ではない。また「現時の宗教を如何にすべきかとの問題よりして之に入れるもの」ではなく、「過去人文の如何なるものなりしかを知らんと欲するに由るのみ」であり、当為の追求より事実の究明を旨とする研究の隆盛を「実に可賀の慶事」であるとしている。

ともあれ松本が欧州における人文学の主流、及び日本人がそこから吸収すべき人文学について言及する際に「東洋学と哲学」を対置させる図式を用い、前者の道に邁進していったことは注意してよかろう。ただし純正哲学・宗教学の低調を明言する一方で、その状況が長く続くことはなく、「此の研究に熱心なる国民」ならば大いに見るべきものが現れるだろうとし、「その一転の機」は遠くないという希望的観測も述べている（前出、『哲学雑誌』一五七の書簡）。哲学を介した日独の関わりは、フッサール Edmund Gustav Albrecht Husserl（一八五九〜一九三八）やハイデッガー Martin Heidegger（一八八九〜一九七六）と西田幾多郎ら主に京都学派の哲学者との間で、その後再び表面化する。(8) 松本がこの領域において、明治四三年（一九一〇）に助教授として京大に赴任し、同僚となった旧友・西田らに後事を託するようなことがあったかどうか、当時の学界の動向が気になるところである。

ベルリンにおける交友と逸話

ベルリン滞在中の松本と接点があった代表的な人物に、宗教学者の姉崎正治（一八七三〜一九四九）がある。姉崎は明治三三年（一九〇〇）にドイツに渡り、当初キールで学んだ。その後ベルリンに移動した際、前出の巖谷や文科大学で旧知の間柄であった松本の世話になったようである。巖谷は在ベルリン日本人留学生の生態を、「勉強家」「遊蕩家」「蓄財家」等々、多彩な人物が登場する悲喜劇の如く活写している。(9) 一方で姉崎は、宿痾のためドイツ留学を実現できず、失意の日々を過ごしていた親友高山林次郎（樗牛、一八七一〜一九〇二）に宛てた書簡の中で、日本人留学生の堕落ぶりを強い口調で非難する。以下は明治三四年（一九〇一）四月十六日から二五日に書かれた長文の便りの一節である。

松本文と始終話すが、実に来て見ればで、日本で考へて居た程の希望は、到底満たさる る者でない。特に此地の留学生と来たら、実に驚く外ない。（略）多くの豪傑連は中々勉強しない。三年、レストーランの飯を食つて帰る人、多く是れ呉下の阿蒙だらう。（略）言葉もろくに出来ないで、如何にして西洋の文物が分からう。（略）実に馬鹿気きつた話である。僕はかう思ふから、此地に居る間は、素養（語学の）と自分の感情意思の鍛錬とを主としたい。日本に居たつて、此位の事は出来ると思ふ。此等は、君を慰める為、特更に書いた者と思つてはいけない。此事は、常に松本とも語り、松本も同じことをいつて居る（姉崎正治『文は人なり』博文館、一九一八、五六四頁）。

異国で共に学ぶ松本と姉崎の盟友ぶりがうかがえるが、姉崎の怒りはドイツ及びドイツ人という、より大きな対象に向けられる。「剛情自負我利のかたまり」「忌むべき国」「学者は腐儒的の人物が多い」など、言いたい放題である。またドイツ人が中国人を蔑み、その尻馬にのって中国人と中国文化を蔑む日本人がいるとして、これにも強い憤りを表明している。明治二八年（一八九五）の仏独露による三国干渉、同三三年（一九〇〇）の義和団事件から日露戦争へと至る時期の話であり、当時のドイツでは黄禍論が高揚していた[10]。その寡黙で温厚な人物像に照らせば、松本がここまで感情を露わにすることはなかったであろうが、彼等ベルリンの日本人

図3　ベルリンの花祭　左から3人目姉崎、1人おいて近角、巖谷、薗田、松本

を包む空気に、不穏なものがあったことは理解できる。とはいえベルリンにおける松本の学業は順調だったとみえ、姉崎がチューリヒから発信した同年九月十八日付の書簡（「姉崎文学士通信」、『東洋哲学』八―十一、一九〇一）は、松本がフート Georg Huth（一八六七〜一九〇六）からチベット語を学んでいることや、馬鳴（アシュヴァゴーシャ Asvaghoṣa）に関する研究に非常に新説が多く、近く刊行がなされるであろうと述べている。[11]

松本のベルリン留学中の逸話としては、明治三四年（一九〇一）四月八日に同地のホテル「四季館 Hotel Vier Jahreszeiten」で行われた灌仏会（図③）に、十八人の発起人の一人として、[12]姉崎・巖谷らとともに参加したことが特筆される。発案者は近角常観（一八七〇〜一九四一）、薗田宗恵（一八六二〜一九二二）ら東西本願寺関係の宗教者を主体とする四人であった。五百人に招待状が配られ、当日は来場者三百人に及び、会場は満員になったという。この灌仏会は「花祭り（ブルウメンフェスト Blumen Fest）」と命名され、これが今日日本で定着している呼称の嚆矢であったことは、近年の研究でも強調されるとおりである。前日の七日にキリストの蘇生を祝うオステルン Ostern 祭が行われることから、「東西両大教の紀念日（巖谷）」が並ぶことに着眼し、「一面日本の風俗を示めし、一面外人の眼識を広め（同）」る目的で企画された。姉崎がドイツ語で花祭の由来を演説し、巖谷は余興に新作の『花祭』と題するお伽噺を披露した。姉崎は高山への書簡で「暗に基督教者の狭量を諷してやった」と述べており、この行事に西欧への強い対抗意識が込められていたことがうかがえよう。ちなみにこのとき花御堂に安置されたブロンズの誕生仏は当地の東洋骨董店、ワグナア商会から借用したものという。(13)

第一次インド滞在

明治三五年（一九〇二）七月一日、松本はロンドン滞在中の姉崎のもとを訪れ、街を案内されている（姉崎正治『文は人なり』、博文館、一九一八、六〇三頁）。そして留学期間終了に伴い、帰途九月からインド各地を周遊し、十二月に帰国した。翌年刊行された松本にとって初の単行書

『印度雑事』（六盟館、一九〇三）[14]に、この旅で得た見聞が盛り込まれている。ただし同書には旅行記というべき内容の文章がないため、松本のインド行の実情は不明な部分が多い。

折しも一九〇二年一月三〇日、日英同盟が調印されたが、この頃の邦人による英領インドへの訪問には、文化史上重要な意義をもつものが多い。まず岡倉覚三（天心、一八六三～一九一三）の第一次インド渡航は明治三四年（一九〇一）十一月に出発して年末コロンボに到着、以後旅は翌年十月まで続いた（十月九日コロンボ発、三〇日神戸着。巖谷小波らと同船）[15]。岡倉が『東洋の理想』を執筆したのはインド滞在中のことであった。西本願寺の第一次大谷探検隊は一九〇二年夏にロンドンを発ち、十月二九日にギルギット着、十二月二八日から翌年一月一六日にかけて東インドの仏蹟・ラージギル（王舎城）で調査を行っている[16]。また一九〇二年十二月、岡倉・松本と入れ替わるように姉崎がインド入りしており、翌年六月に帰国した。明治三六年（一九〇三）には伊東忠太が、ついで岡倉の勧めで日本画家の横山大観（一八六八～一九五八）と菱田春草（一八七四～一九一一）が訪印している[17]。

後述するとおり、松本は『印度雑事』でガンダーラ仏教美術を礼讃する立場を取っている。しかし断片的とはいえインド文物の中に日本文化の源流を見出す試みを、いくつかの事例を通して行っている。以下は神社の鳥居の起源について述べた一節である（図④）。

図4　塔門　サーンチー第1塔　1世紀

鳥居の意義に就きては古来の諸説紛々として一定するところなし、而も皆是れ牽強付会の臆説、一として取るに足るなきなり。鳥居は梵語トロナよりして来れるもの、蓋し天門の義なり、サンチーの塔を一見せしものは、其の門の我が鳥居に酷似するを発見するに難しとせず。(略)我邦の鳥居は大抵二個の横木を以てすといへども、是れ唯其の形を単簡にせしのみ(筆者注:サーンチー塔門の横木は三本)、其の余秋毫異なれるところあらざるなり。(略)セーロン亦之あり(以下略)(三三四頁)。

柱のエンタシスを介して法隆寺とギリシアを結びつける、後述の伊東忠太らの説とほぼ同質の議論だが、鳥居の起源をインドの塔門(トーラナ)とする、今なお人口に膾炙している説は、この頃から登場してきたのであろう。(18) 学術書とはいえない書物において、形の類似を見出した喜びを気楽に綴っているだけにもみえるが、七五三縄(注連縄)がセイロンにもあるとし、はては皇室の菊紋を日輪(チャクラ)の変形したものとするなど、後に松本が純インド的美術を中心とした美術史観を抱く以前に、すでにインドと日本を結びつけるこのような文章を書いていることが注目されよう。

黎明期の敦煌学への貢献

明治三九年（一九〇六）、松本は京都帝国大学文科大学の開設委員、ついで教授に任ぜられ、哲学哲学史第二講座（印度哲学史）を担当することとなった。文科大学は同年九月に始業、ついで一九〇八年には同文科大学長に就任、以後大正五年（一九一六）五月まで七年七ヶ月にわたり学長を務めた。さらに学長着任後、哲学哲学史第一講座（哲学西洋哲学史）、ついで宗教学講座も兼担した。

文科大学教授時代の松本の業績の中でまず特筆すべきは、西域・敦煌発見の写本研究である。わが国における敦煌写本研究の祖は内藤虎次郎（湖南、一八六六〜一九三四）である。(19) 明治四二年（一九〇九）、前年に敦煌現地でペリオ Paul Pelliot（一八七八〜一九四五）が入手した文書を北京で実見した羅振玉（一八六六〜一九四〇）の通報を受け、またこれとは別に写真を入手した内藤は、その価値を新聞記事や講演会などを通して、いち早く紹介した。翌四三年（一九一〇）、敦煌に遺っていたものを清朝政府が北京に取り寄せたとの連絡が羅振玉から入り、同年九月に内藤、狩野直喜、小川琢治（如舟、一八七〇〜一九四一）、富岡謙蔵（桃華、一八七三〜一九一八）、濱田耕作（青陵、一八八一〜一九三八）で構成される文科大学の調査団が北京に派遣され、約七百巻の文書を閲覧した。このとき美術史家の瀧精一（拙庵、一八七三〜一九四五）も国華社から参加した。

同じ一九一〇年、トゥルファン、クチャなどで大きな成果を収めた野村栄三郎（一八八〇〜一九三八）と橘瑞超（一八九〇〜一九六八）の第二次大谷探検隊の将来品が日本に到着し、大谷光瑞

（一八七六〜一九四八）の委託を受けて文科大学の研究者たちは神戸の二楽荘で出張調査を行った。内藤はメンバーとして右の五名のうち小川を除く四名、桑原隲蔵（一八七一〜一九三一）、榊亮三郎（一八七六〜一九四二）、羽田亨（一八八二〜一九五五）、松本、東京から加勢した瀧を挙げており、のち文学部美学美術史学講座の教授となる植田寿蔵（一八八六〜一九七三）が撮影の任にあたったという。[20] 西洋の哲学・文学を研究する桑木厳翼（一八七四〜一九四六）や上田敏（一八七四〜一九一六）は、一大勢力となったこのグループと学問を、多少の反発をこめて「トンコイスト」「トンコイズム」と呼んだ。明治四四年（一九一一）には羅振玉、王国維（一八七七〜一九二七）が来日して京都に至ったこともあり、その活況は大谷探検隊将来品の精品図録『西域考古図譜』出版（一九一五）の頃まで続いたという。

この間松本は文科大学の紀要『藝文』に、立て続けに写本研究の成果を発表している。[21] ことに内藤らが北京で見た敦煌文書は大部分が仏典であり、その写真が持ち帰られたことで、松本の活躍の場は大いに拡がった。その手法は手堅い書誌学・考証学である。

松本はこれら写本研究を再録した『仏典の研究』（丙午出版社、一九一四）の序文において、「明治維新以来西欧文化の輸入に努めた結果、今や東西の思想を咀嚼し、南北の資料を調理するに最も便誼の地位を占むる」日本人こそが、仏教の科学的研究を成し遂げねばならない、と述べている。宗教と学問を峻別し、厳密な史料批判に立脚した研究を構築せねばならないという主張は、先にみた滞欧中の書簡でも反復されていた。一方で宗派に捉われない近代的・学問的な研究の遂行能力に日本の独自性、優位性を見いだそうとする松本の言葉に、日露戦争に勝利した当時の日本らしい主張がうかがえるという指摘もある。(22)右の写本群は、松本がかくあるべきと考えた研究を実践するのに、この上ない素材を与えたといえよう。ともあれわが国において、敦煌・中央アジア発見写本を用いた仏典研究に最初に取り組んだ人物として、松本の名は記憶さるべきである。

仏教文物コレクターとして

その後の松本の事蹟は必要に応じて次節以下で言及したいが、もう一点紹介しておかねばならないのは、古物特に仏教文物の蒐集家としての側面である。

昭和四年(一九二九)、松本は京都帝国大学を定年退職し、七月二四日付で名誉教授の称号を得た。退官の前年、還暦記念事業が盛大に営まれ、十月七日に記念式典と祝賀会が開かれた。(23)事業の中で特筆すべきは、銀閣寺畔の邸宅付近に松本所蔵の文物を保存公開すべく「仏教徵古館」が建立されたことで、九月二五日に上棟が行われた。収蔵品はほぼ仏教関係に特化された内容であり、そのうち一四〇点を選定して『東山艸堂仏教徵古録』(文星堂写真製版所、一九二九)

が編纂され、松本は自ら全点の解説を執筆した。この徴古館には陳列室と展示ケースがあったが、専門家以外には非公開だったようである。(24)

松本旧蔵の彫刻・工芸品は骨董趣味的な小品が多く、ユーラシア規模で仏教美術の歴史をとらえようとした学者としての姿とは対照的である。金銅獅子像（図⑤）などは、これを手に取って賞玩する松本の姿を思い起こさせる品であり、現在京都国立博物館の所蔵に帰している五胡十六国時代の中国金銅仏（図⑥）は、この種の造像の中でも特にガンダーラ様式を濃厚に留めた像として著名である。浜松市美術館の蔵品となった唐・儀鳳四年（六七九）銘石仏（図⑦）も高宗期の佳作である。とはいえ見るべき品は、必ずしも多いとはいえない。

一方で文字資料（主に中国・朝鮮・日本の写経・刊経）は圧倒的な質の高さを誇り、松本の鑑識眼の確かさに驚かされる。『仏教徴古録』の序文は「固よりこれ遼東の豕、学海の新資料となすに足らず」と謙遜するものの、古物趣味もしくは美的価値より学術資料としての意義を重視する蒐集方針が貫かれ、優れたコレクションが形成されている。(25)六朝から唐代に至る敦煌写本、奈良～平安時代の写経、宋代の刊経は特に充実しており、中には北京郊外・房山雲居寺の、唐・咸通十五年（八七四）銘大般若経碑の断片（図⑧）など、紙本以外の品もある。また五代の敦煌出土チベット文『無量寿宗要経』は、昭和七年（一九三二）に北京から東方文化学院京都研究所に招かれ、以後十年間中国語講師を務めた傅芸子（一九〇二～一九四八）から贈呈されたもの

図7　阿弥陀如来坐像　中国・唐時代
儀鳳4年（679）　浜松市美術館
松本旧蔵

図8　大般若経断碑　河北省房山　中国・
唐時代　咸通15年（874）　松本旧蔵

図5　獅子　中国・東魏〜北斉時代
6世紀　松本旧蔵

図6　如来立像　中国・
五胡十六国時代　4世紀頃
京都国立博物館　松本旧蔵

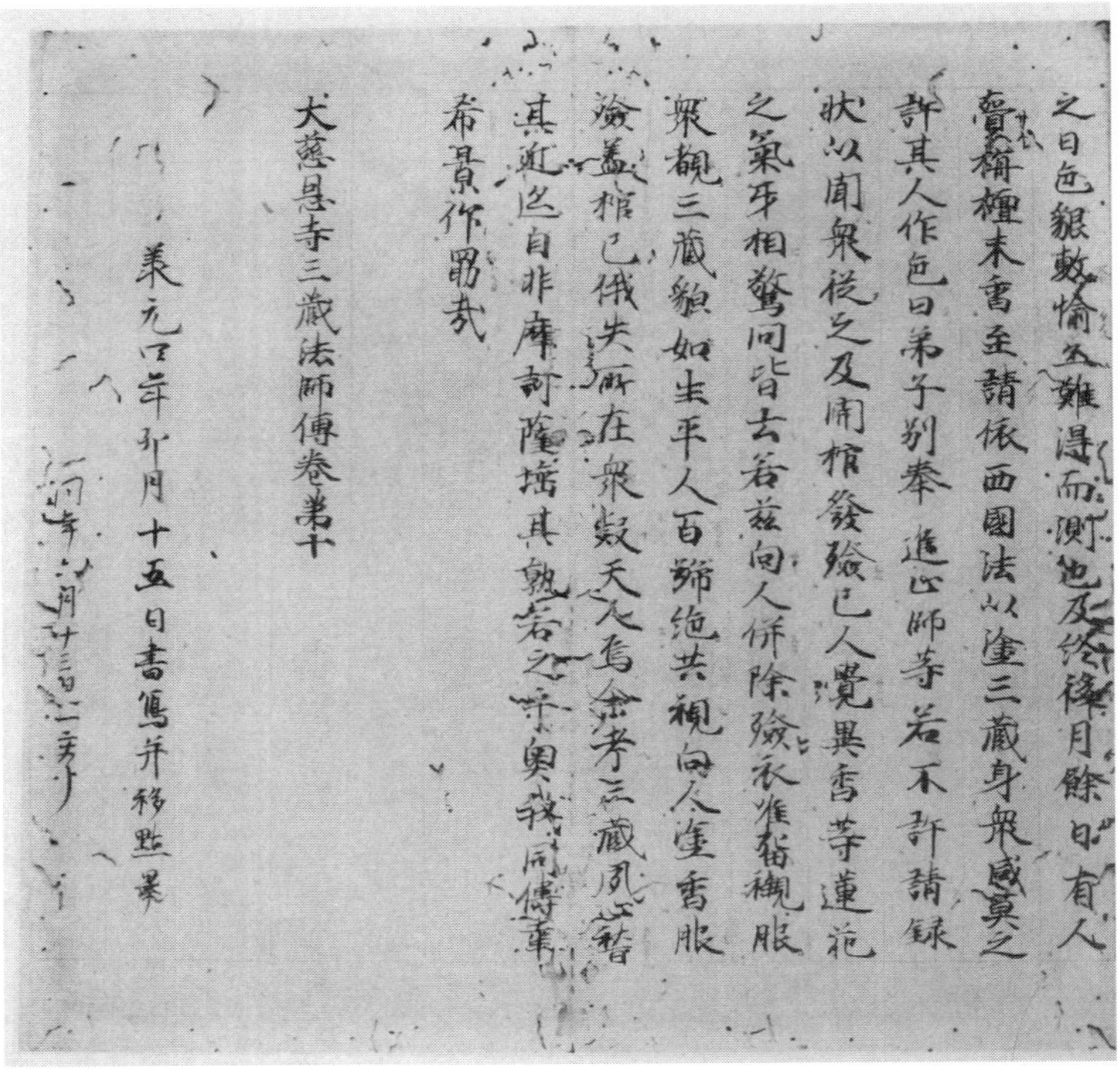

図 9　大唐大慈恩寺三蔵法師伝　鎌倉時代・承元 4 年（1210）
京都大学人文科学研究所　松本旧蔵

である。

松本の没後その蔵書の大部分は京都大学人文科学研究所が申し受けたが、中でも東大寺持宝院・橘寺旧蔵の古写本で、承元四年（一二一〇）書写の『大慈恩寺三蔵法師伝』（図⑨）、及びこれともと一具をなし近い時期の書写にかかる『大唐西域記』は特に資料性が高い品として知られる[26]。

人文研が収蔵を見送った古写経・古刊本の類は京都国立博物館の所蔵に帰した。なお松本コレクションとして京博に入った写本には『徴古録』非掲載の大谷探検隊将来品、四巻五点が含まれている。

いずれも非常に稀覯性が高く、うち一点は六世紀の高昌（トゥルファン）写経、他も四〜五世紀の品で、二点はクチャのキジル河上流、テットルトラ廃寺で野村栄三郎が発掘したものである。五点とも松本が写経部分の編集を担当した『西域考古図譜』に掲載されているが、松本の手許におかれるに至った経緯は詳らかでない。(27)

第二節　一九一〇年代の転換——インド固有美術論への傾斜

ガンダーラ仏教美術礼讃—第一段階

右に述べた略伝を踏まえ、以下では小稿の主眼である松本の仏教美術観を、特にインド仏教美術に対する認識の変化に着目して、その展開過程をたどることとしたい。そこにはおおむね、三つの段階を設けることができる。各段階で示される見解は、当時の学界の動向や国際情勢とも関わる、たいへん興味深い内容を含んでいる。

松本は仏教学者であるが、仏教美術の分野においても積極的な発言を行い、多くの著作を遺している。中でもインド仏教美術についてはその在世時、自他共に認める第一人者であった。昭和天皇の即位の大礼に際し、昭和三年（一九二八）十一月に京都御苑の御学問所で行われた御進講の演題が「印度仏教彫刻史」だったことからも（『東京朝日新聞』一九二八年十一月十六日夕刊、同十九日朝刊）、それはうかがえる。小稿でもインド美術史（西北インドのガンダーラ彫刻もここに含める）にまつわる著述を多く取り上げるが、松本らが特に頻繁に言及する時代については、今日一般的に行われている理解が以下のようなものであると便宜上仮定して、論を進める。

・マウリア朝〜ポスト・マウリア朝（仏像出現以前の時代）　紀元前三世紀〜紀元後一世紀
　アショーカ王柱、バールフット、ボードガヤー、サーンチーなどの仏塔荘厳
・クシャーン朝（仏像が出現した時代）　紀元後一〜三世紀
　ガンダーラ、マトゥラーの石造彫刻
・グプタ朝（中インドで仏像が成熟した時代）　紀元後四〜六世紀
　マトゥラー、サールナートの石造彫刻

松本の仏教美術論において、第一段階に位置づけられる見解は、留学から帰国した翌年、すなわち第一次インド行の直後に刊行された先述の『印度雑事』（一九〇三）に示されたものである。そこにはガンダーラ彫刻（図⑩）への憧れの念が、率直に吐露されている。同書は必ずしも学術書とはいえないが、ガンダーラ彫刻とそれ以前の時代に制作された仏教彫刻を主に取り

上げ、ギリシア美術の延長上に位置づけている。

波羅門美術家は、常に本国に於ける固有の思想を確執し、全然他邦の感化を受くるを好まざりしに反し、仏教徒は其の度量を拡大にし、他邦の術といへども、其の善は之を取るに猶予せざりき。亜歴山大王の印度に入りてより、彼此の交通頻繁となり、仏教徒は彼希

図10　如来立像　ガンダーラ、ママーネ・デリー出土　クシャーン時代・2世紀頃
パキスタン・ペシャーワル博物館

臘人の感化を受け、此に従来の彫刻は其の面目を一新するに至れり。特に印度西北部に於ける仏教羅漢等の彫刻にありては、宛も希臘彫刻を見るが如く、其の気品の高尚にして偉大、脱俗の風姿を具備する、吾人をして一見嘆感措く能はざらしむ、而して其の容貌亦既に印度人にあらざるなり（一八七頁）。

希臘美術の影響は紀元前三世紀に始まり、紀元後数世紀に亘りて、其の勢力を維持せりといへども、印度王の一度び起りて、外人を排斥し、仏教の漸に衰退し、梵語文学の隆盛となれると共に、波羅門教の一世に彌蔓するに及びて、希臘の影響も日を逐ふて消滅し去り、再たび印度固有の技芸を逞くするに至りしは、吾人の最も遺憾とするところたり（一八八頁）。

「ヘレニズムの波及」と「異文化への寛容性」

右に示した松本の語りから抽出できる第一の特徴は、「ギリシア美術の波及」という事象を基準としてインド美術を品定めする論法にある。「アレクサンドロスの東征によるギリシア文化の波及が、（ガンダーラ美術の成立という形をとって）インドの建築や美術に多大な影響をもたらした」という図式は、英人建築史家ファーガソン James Fergusson（一八〇八〜一八八六）らによって十九世紀中葉頃から提唱されていた。松本もこの枠組を踏襲している。アジア美術に対するヘレニズム東漸の影響を強調する立場が有力だった当時の状況については先行研究に詳述されており[28]、以下これを参照して概略をみておく。

ファーガソンはヘレニズムの影響はインド以東には及んでいない、という立場を取っていた。しかしその後わが国ではこの議論に触発されて、ヘレニズム美術がさらに東漸して日本まで波及したと解する者たちが現れた。そこではファーガソンと同じ価値基準を用いて、古代日本文化の優秀性を宣揚する立場がとられている。その早い事例としてフェノロサ Ernest Francisco Fenollosa（一八五三〜一九〇八）が明治二一年（一八八八）六月五日に奈良・浄教寺で行った講演における、

> 日本開明ノ遠因即チ文明東漸ノ原因ハ希臘ノ歴山帝ガ東征シテ文明ノ種子ヲ印度ニ遺シタルニ起リ、夫ヨリ支那高麗ヲ経テ日本ニ伝ヘタル証迹ハ歴々トシテ徴スルニ足ル（「奈良ノ諸君ニ告グ」『フェノロサ美術論集』一九八八）。

という一節などが挙げられる。「ギリシア美術の日本への浸透」という考えはその後さらに

影響力を増し、伊東忠太（一八六四〜一九五七）の「法隆寺建築論」（『建築雑誌』一八九三年十一月号）における「法隆寺のエンタシスはギリシアに起源をもつ」「中国・インド・ギリシアの全ての要素が法隆寺に取り込まれている」といった著名な見解を生むに至った。松本の言葉は当時としてはごく一般的なものであり、「自国の文化を世界規模で位置づけたい」という欲求が直接示されている訳ではないが、少なくとも西欧文明を尺度にアジア美術を評価する立場に属することは間違いない。

第二の特徴は、仏教美術がヒンドゥ教美術より優れているという主張である。松本はガンダーラ彫刻の発達が、異文化たるギリシア美術の導入を可能にした仏教の寛容性に起因するものであり、それはヒンドゥ教の狭量さと対極をなすと述べている。また以下の一節ではガンダーラ美術発生以前、ギリシア文化導入以前の純インド的な仏教美術についても、ヒンドゥ教美術より優れていると主張している。

（筆者注：ファーガソンが「彼等〈インド人仏教徒〉が優美の標準とするところ、吾人と相異なれり」と言いつつも、ボードガヤーやバールフットの浮彫を高く評価していることを述べたあと）之を要するに、当時に於ける仏教美術は、単に真を写すを以て其の目的と為せしが故に、比較的成功を見るのみならず、吾人に感化を与ふる、亦反りて深重なるものあり。之に反し、波羅門教諸神の像に至りては、（略）怪物を生じ来り、唯吾人をして一見不快の感を起さしむるに止まる。惜る哉、仏教美術も後世に至りては、漸く其の簡潔猷勁の力を失ひ、波羅門教美術に於けると、同一の怪物を模写し出せり（『印度雑事』一八六頁）。

図11　水牛の悪魔を退治するドゥルガー
ウダヤギリ第6窟　グプタ時代　401年頃

この「怪物」に該当するのは多面多臂の尊格（図⑪）などであり、その要素が濃厚な仏教美術（密教美術をさすか）には低い評価を与えている。松本は、仏教の寛容性がヒンドゥ教に対して開かれることを認めていない。西方の美術はインド土着の美術より上位にあり、両者とどのように接するかによって、仏教美術の価値も大きく左右されるとしている。こうした松本の議論の背後で、「留学で西欧文化のエッセンスを吸身の研究対象」である仏教への思いが交錯していたとしても不思議はない。

収した」という自負と「日本を含む全アジアに浸透し、西欧でも通用する世界宗教」かつ「自

「グプタ式仏教美術」の顕揚――第二段階

『印度雑事』刊行後しばらくの時を経て京大に赴任した松本が、その後数年間を写本研究を中心とする仏教学・仏教史学研究に費やしたことは先述のとおりである。この間、仏教美術に関する目立った発言はみられない。しかし大正四年（一九一五）頃を画期として松本は本格的に仏教美術研究を開始し、以後大正七年（一九一八）に至るまで、堰を切ったように長編の仏教美術論を陸続と発表する。論文として主要なものは大正五年（一九一六）四月一日付で刊行された「仏像の美術史的研究」（『哲学研究』一―二）[29]、同年十月一日付の「清涼寺釈迦像に就て」（『史林』一―四、一九一六）[30]、同七年（一九一八）の「大同の仏像」（『藝文』九―六・七・八、一九一八）[31]の三篇である。また単行書として重要なものに、インドの建築・彫刻・絵画、その全領域について包括的に論述した『印度の仏教美術』がある。同書は後れて大正九年（一九二〇）に刊行されているが、一九一八年八月、京都帝国大学開催の夏季講演会において前後七回にわたって松本が行った「古代印度の仏教美術と東洋に於ける其影響」と題する講演の内容をまとめたも

のであり、一九一八年当時における見解が反映されている。

この一九一八年までの時期は、松本が仏教美術論の著述に最も旺盛な意欲をみせた期間である。著作の内容には共通する特徴が認められるため、これを一纏めとして、松本の仏教美術論における第二段階とする。第二段階では第一段階で賛嘆されたガンダーラ仏教美術の価値が相対的に引き下げられ、かわってインドの「グプタ式（毱多式）」仏教美術（図⑫）が最高の存在とみなされる。

図12　如来立像　ゴーヴィンドナガル出土
グプタ時代　434年
インド・マトゥラー博物館

固よりハーヴェル氏等らが犍陁羅式仏像を以て精神なき土偶、希臘羅馬諸神の堕落したものとなし、毱多式美術の影響を蒙れる後世の彫刻を以て、純印度的理想を表現するものと断定し、最優秀の犍陁羅式美術も美術的並びに技巧的には之と同日に談ずべからずといふが如きは、稍其好む所に偏するの誹を免れぬであらう。若し今両者の優秀品を採つて之を比較すれば、容易に甲乙を附し難いが、併し犍陁羅式は余りに写実に忠なるが為め、動もすれば俗臭を帯び、仏教の理想たる超世出離、心身脱落の趣を欠くに至るは、争ふべからざる事実であらうと思ふ（「仏像の美術史的研究」）。

松本の見解が、第一段階から劇的に変貌していることが理解できよう。この変化が当時台頭しつつあった、ギリシア美術の系譜を引くガンダーラ美術ではなくインド固有の美術にこそ理想の美が示されている、という主張に触発されて生じたことは疑いを容れない。このインド固有美術論を最も強力に、論争的に展開した人物が、右の引用文中にみえる英人ハヴェル Ernest Binfield Havell（一八六一～一九三四）である。(32) 短文とはいえ著作の和訳（若月松之助訳「印度美術の発因」『現代之美術』八月号、一九一八）が刊行された事実が示すとおり、その影響は日本にも及び、読者を得ていたとみてよい。

タゴール一族が運営するコルカタの美術学校に勤務していたハヴェルは、『インドの彫刻と絵画 Indian Sculpture and Painting』（一九〇八）、『インド美術の理想 The Ideals of Indian Art』（一九一一）などを著した。その理論的基盤とされたのが、論文「インド美術の目的 The Aim of Indian Art」（一九〇八）においてインド美術を貫く一つの原理を追究しようとした、美術史家クマーラスワーミー Ananda Coomaraswamy（一八七七〜一九四七）の見解である。ハヴェルは英人であるにも関わらず、インド美術をギリシア美術の影響下に位置づける見方、そしてその見方を根拠づけている西欧人の考古学調査を厳しく批判する。

考古学者は地を掘り返し、ガンダーラの荒れた仏教遺跡を精探して、コリント式柱列の間に置かれたギリシャローマ式神殿の多くの彫刻を発見するや、彼等はここここそ印度美術の立脚地だ、ギリシャ思想が先づ印度の理想を開発したのだと独断する。これ程迂闊なことはない。印度美術はギリシャローマ彫刻家が、ガンダーラの寺院や僧房に仏像彫刻を造つた数世紀前、已に印度的精神に於て完全な表現に到達しているのである（「印度美術の発因」）。

この頃の日本における美術史研究者の動向に関して、従来から特に注目を集めているのは、当時の美術史学の水準を示すメディア『国華』を主宰していた前出の瀧精一が、大正五年（一九一六）の同誌三一一・三一二号（四月号・五月号）に、旧説を一変させた「印度藝術の東亜に及ぼせる影響に就て」と題する論文を発表したことである。以前はガンダーラ美術の東漸を重視していたが、それは撤回すべきであり、東アジアにより重大な感化を与えたのは、インド固有の美術であったと考え直さねばならない。以上が瀧の見解の骨子である。(33) 松本の「仏像の美術史的研究」は同年四月一日付であり、両人の見解は歩調を合わせるように変化している。松本論文は主として古代のインド・中国間の仏像の美術史的関係を扱ったもの、瀧論文はこの関係を日本にまで拡げて論じたものであり、ともにインドから東アジアへと至る仏教美術東漸論として構想されている。東アジア仏教美術の淵源をインド固有の美術とする考えが、西欧文化を相対化しうる論理として魅力的に映ったことは容易に推測できる。造形論に多くの紙数を割き、様式論に客観性をもたせようとする努力がうかがえるものの、ハヴェルの著作の引用のされ方からしても、結論ありきの主張という感は否定しきれない。

右の主張を展開するにあたり、題材として特に大きく取り上げられたのが、中国・山西省大同市郊外に位置する雲岡石窟の造像と、京都・清凉寺の本尊釈迦如来立像であった。

第三節　東アジア仏教美術へのまなざし
――「グプタ式仏像」東漸論とその後

雲岡造像「グプタ式」起源説の提唱

松本はその著作において多様な東アジア仏教美術の遺品に言及しているが、中でも特別大きく扱われたのが雲岡石窟であり、その語りも熱を帯びている。雲岡は五世紀後半、鮮卑拓跋部が建国した北魏王朝によって開鑿された。教団の長官・曇曜の指導下で最初に造営された五大窟（第十六〜第二十窟、曇曜五窟）をはじめ、国家規模で行われた造像が目白押しであり、西方的な要素を濃厚に留めた国際色豊かな造像様式においても、東アジア仏教美術史上際だった存在である。戦前、東方文化研究所は雲岡に水野清一・長廣敏雄を中心とする調査団を派遣し、その成果は水野・長廣による大著『雲岡石窟』全十六巻三二冊（京都大学人文科学研究所、一九五一〜六年）に結実した。調査は松本の所長在任中の昭和十三年（一九三八）に開始され、松本が逝去した同十九年（一九四四）まで計七回実施された。松本は一九三八年と一九四〇年の二度、東亜文化協議会の会議に参加するため北京に赴き、雲岡を視察した。二度目は水野ら調査団滞

在中の訪問であった。(34)

松本の雲岡訪問はこれが初めてではない。調査団派遣に先んじること三十年余の大正六年（一九一七）八月から二ヶ月半ほどの日程で中国に出張した際、わずかな日数ながら大同に滞在し、雲岡を訪問している。この出張時の訪問先は山東、天津、北京、山西、陝西、河南などで、羽渓了諦（一八八三〜一九七四）、及び通訳として当時北京留学中だった鈴木虎雄（一八七八〜一九六三）が随行している。以下で注目するのは、この中国出張前後における、松本の雲岡造像についての発言である。

雲岡はインドからわが国へと至る仏教美術東漸の中継点として、日本人研究者の間で強い関心を集め続けてきた。その先鞭をつけたのが伊東忠太である。伊東は明治三五年（一九〇二）に初めて現地に足跡をのこし、ガンダーラのインド・ギリシア美術が北魏の雲岡を経て、日本の推古式に及んだという見解を示した。この説は濱田耕作らにも採用され、定説としての地位を不動にした。(35)

しかしながら一九一〇年代半ば以降、この説のうち中印間の関係を論じた部分に批判が加えられ、雲岡造像の源流を、ガンダーラ様式ではなく純インド的様式に求める見解が台頭してきた。その主唱者が松本であり、以下のような強い口調で自説を展開している。

現存する支那仏像にあつては、先づ最初に印度毱多期の彫像が其範を示し、其感化によるといふよりも、寧ろ其模倣によつて出来たものたることも容易に断言し得るのである。従来東西の学者は支那の仏像を以て犍陁羅彫像の影響によつて成れるものとなすが、是れ亦全然誤れるの太甚しきである。吾人は大同仏像に於て直接犍陁羅式と考へらるべき何等の特徴をも認め得ないのである（『印度の仏教美術』三一一頁）。

松本による雲岡造像「グプタ」起源説は、訪中翌年の大正七年（一九一八）に刊行された三回連載の長編論文「大同の仏像」などで縷述されている。一方で同論文は「大同仏像の本と印度が犍陀羅の造像ではなくして、（中略）毱多期のそれに淵源するものたるは、余輩の嘗て論じた所」と述べ、大正四年（一九一五）に発表した「北魏美術の淵源に就いて」という新聞記事[36]と、先に引いた翌年の「仏像の美術史的研究」を挙げている。松本は雲岡実見以前に雲岡造像グプタ起源説の要諦を固め、一九一五年に初公表したのである。

一九一六年に発表された前掲の瀧論文は、前年秋に出た松本の記事を引き、「頗る注意を値すべきものあり」「博士の所説が健駄羅感化をあまりに軽視するの傾向あるは予輩の賛同しがたき所なれども、崛多の藝術の盛に支那に流伝したる所以を主張するに就ては全く異議あるなし」と述べる。瀧は同時に「北魏の仏像を拓跋本来の理想に基くものとなす如き妄説を打破するの議も賛同する所なり」として松本が大村西崖（一八六八～一九二七）の所説（大村西崖『支那美術史彫塑編』、仏書刊行会、一九一五、一八二頁）を斥けたことを支持しており、雲岡をインド固有美術と結びつけることに強い執着を示している。ともあれ松本は雲岡造像の「グプタ式」起源説を唱えた最初の学者なのであり、この記事を皮切りに、仏教美術論の領域へと本格的に参入したのである。

雲岡造像論の問題点

極限まで単純化することになるが、雲岡造像の様式区分と展開について今日一般に流布している見解は、おおよそ以下の三つに区分される造像（①②③）が、四六〇年代から六世紀の初めにかけて順を追って登場した、というものであろう。

①大仏窟の巨像に顕著に示される、表面の繊細な起伏より量感や直線的な身体の線を強調する造像（第十六～第二十窟。通称曇曜五窟、図⑬）。

②薄手の衣を通して、柔らかみある肉身の起伏がうかがえる西方式の造像（第七・第八窟、第九・第十窟など）

③漢族風の厚手の衣をまとい、肉体の線をうかがいにくい中国化した造像（第六窟、西端諸窟など）

松本は一九一五〜一八年の一連の論説において、ほぼこれと重なり合う三区分をすでに採用しており、①は第二十窟、②は第十窟、③は西端諸窟の造像を、それぞれ具体例として挙げている（上記の編号は現在のものを使用）。①と②は今日通常、ガンダーラやインドのマトゥラーだけでなく、多様な西方様式が一体化したものと考えられるが、松本はこれをインド・「グプタ式」造像と直接結び付け、その関係を力説している[37]。これがそれまでの学界で主流を占めていた雲岡様式ガンダーラ起源説に対抗していることは、先述のとおりである。ただしこの議論には以下のような問題点がある。

図13　如来立像（旧状）　雲岡第20窟
中国・北魏時代　5世紀

第一は雲岡における右の三様式の

図14　如来立像　雲岡第10窟　前室西壁
中国・北魏時代　5世紀

造像が、②→①→③の年代順で制作されたと考えていることである。この相対編年は塚本善隆によって第十六窟〜第二十窟が曇曜のもと造営された五大窟に比定される（塚本善隆「雲岡三則」、『支那仏教史の研究　北魏篇』弘文堂、一九四二）以前の見解で、今日では全く通用しないものだが、松本は②を「衣服亦極めて薄くして宛も裸体を露出するが如く、此等の諸点は全然印度毱多期の彫像に見る所と異ならぬ」グプタ式（「純印度式」）とし、特に現・第十窟前室下方の諸像〈図⑭〉を例に挙げて「印度技術家の手に成れるか、若くは其指導の下、支那に於ける最も熟練したる技工の彫造したことを推測せざるを得ない」とまで述べている。①については②に倣い、「而も能く之に至るを得なかつたものと断ぜざるを得ない」として、インド式から中国式に変化する過渡期の作と位置づけられ、グプタ風が直接流入し、年代が下るとやや質が落ちるという見解を出している。

図15　如来三尊像　カトラー出土　クシャーン時代　1世紀　インド・マトゥラー博物館

第二は時代様式と地方様式の概念規定に、問題があることである。松本はガンダーラ様式の成熟期を紀元後一世紀ないし二世紀、「グプタ式」はその盛期をグプタ王朝そのものの興隆期である三百年中葉から四百年中葉に設定している。この理解自体は今日行われているものと著しく隔たるものではないが、地域名を冠した「ガンダーラ式」と王朝名・時代名を冠した「グプタ式」が並び立ち、かつ両者間に年代差が設定されていることで議論に混乱が生じている。

混乱の最大の要因は、クシャーン期のガンダーラ彫刻と本来対置さるべき、同時期のマトゥラー彫刻（図⑮）に関する認識が不十分であったことに求められる。マトゥラー彫刻は中インド・マトゥラーで制作された、純インド的な彫刻群である。

この松本説の不備は、瀧精一が指摘している。衣文表現のないサールナート造像（図⑯）と衣文表現のあるマトゥラー造像（図⑫）はグプタ時代のもの

図16　如来立像　サールナート出土
グプタ時代　473年
インド・サールナート考古博物館

が多いが、マトゥラーでグプタ朝以前から盛んに造像が行われていたのは明白である。ゆえに東アジアに影響を及ぼしたガンダーラ以外のインド美術については、「グプタ朝」ではなく「中印度」[38]というべきではないか。以上が瀧の提案であり、概ね妥当な意見といえる。松本はマトゥラー彫刻の衣文表現をガンダーラの衣文表現からの影響とみており、衣文の有無にかかわらず肉身に着衣が密着する点を純インド的な様式の特徴と理解しているが、この時期の著述には「グプタ式」を頂点におく論調が顕著なことが、右に掲げた第一点からもうかがえる。グプタ王朝は異民族王朝を駆逐してインド人が建国し、アショーカ王以来のインド統一を果たした王朝である。その後も松本は「グプタ」の語にこだわり続け、インド文化の黄金期をイメージさせずにはおかないこの王朝名を、美術様式の呼称に冠しようとしている。ともあれ以上の問題点は後のインド行を経て、修正が施される。これが松本の仏教美術観における、第二段階から第三段階への変化である。

清涼寺釈迦如来立像をめぐる議論

次に仏教東漸の象徴として松本が注目した、京都清涼寺の本尊・釈迦如来立像（図⑰）をめぐる議論を紹介しておきたい。

雍熙二年（九八五）、東大寺僧奝然（九三八～一〇一六）は北宋の都開封にあった栴檀釈迦瑞像（釈迦の在世中にその姿を写し取った、史上初の仏像と称する像）の模像を浙江省の台州で制作、翌年日本にもたらした。これが清涼寺釈迦如来像であり、天竺（インド）・震旦（中国）・本朝（日本）三国伝来の生身の釈迦像として絶大な信仰を集め、大量の模像が制作されたことは周知の通り

図17　釈迦如来立像　中国・北宋時代　雍熙２年（985）　京都・清涼寺

である。将来当初、同像については中国にあった根本像の模像であることが正しく伝えられていた。しかしその後日本に将来されたのは模像ではなく、これと入れ替わった根本像であるという寺伝が定着し、流布した。同像の像容は縄目状の頭髪、通肩の着衣形式、放物線を反復する稠密な衣文など、際だって異国的である。大正五年（一九一六）、松本は同像についての専論「清凉寺釈迦像に就て」を発表した。ここでも前後に刊行された論考と同様、東アジア所在造像の源流にまつわる問題が扱われ、清凉寺像の姿には以下のような解釈が与えられている。

特に此に余輩の注意し置きたいのは、龍光寺（筆者注：江蘇省揚州。かつて根本像のあった寺）の仏像即ち清凉寺の釈迦原像は、中印若くは中印付近に造られたか、または摹せられたもので、決して犍陀羅仏像又は之を摹したのでないことである、（略）薄衣の其全身を蔽ひ、衣褶の線の凸起し、頸を中心とし彎曲の状をなせる如き、一見毱多式と認むべきである（「清凉寺釈迦像に就て」）。

「通肩の着衣に放物線の衣文を繰り返す」という形態上の特徴は、必ずしも「グプタ」という特定の時代・王朝に対応するものではない。瀧の指摘する松本の議論の問題点、すなわち時代様式と地域様式の対応関係についての説明の不備は、ここにも認められる。とはいえ像容の由来をガンダーラ造像ではなく純インド的造像に求める点で、松本は先に雲岡についてみたのと全く同じ主張を展開している。

しかしその刊行（十月一日付）と同じ年、わずかに先んじて前述の瀧論文が発表された。この論文は清涼寺像を大きく取り上げているが、その内容は六年前に発表した「健駄羅式美術の一標本として見るべき清涼寺の釈迦像」（『国華』二三六、一九一〇年一月号）における見解を撤回するというもので、

かの像は予輩が曾て思ひし如き健駄羅式のものにはあらず、（略）中印度摩兎羅より出づる釈迦像に最も近似したるものと認むるものなり（「印度藝術の東亜に及ぼせる影響に就て（下）」）。

と述べている。松本は雲岡について、瀧は清涼寺像について、各々純インド式造像起源説（瀧はマトゥラーと明言する）を相手に先行して発表し、その時間差はごく僅かであった。松本執筆の新聞記事を瀧が引用したことは先述の通りだが、松本が瀧の著述に言及することはない。しかしここで注意しておきたいのは、伊東忠太説が「法隆寺の起源はどこか」という学界の関心に沿って、「雲岡、さらにはガンダーラ」という回答を与えたことに基づいて定着した点、

及び瀧が日本美術史の研究者である点である。雲岡の起源についての論説を新聞で発表した松本の関心が、主に中印間の関係に対するものであったことと対照的である。臆見ではあるが、松本の新聞記事を見ていち早く反応した瀧が、従来の清凉寺像ガンダーラ起源説を棄ててグプタ（瀧は「中印度」とする）起源説に鞍替えして論文を発表し、この状況に刺激されて松本も清凉寺像についての論究を発表した、というのがことの真相だったのではなかろうか。その後も松本はグプタ美術の東漸を論じた研究者、あるいはグプタに雲岡の源流を見出した人物として認知され、名声を得ることになる。(39) 日本美術を西欧の影響を受けたガンダーラではなく純インド的な美術と結びつけたい人々にとって、松本説の登場はガンダーラ美術東漸論に楔を打ち込むものであった。インド学・仏教学の権威が日本とインドをつなぐ考えにお墨付きを与えたという点で、学史上重要な事実と位置づけてよいであろう。

ただ右に述べた松本の議論が、以下のような見解を前提としていることも事実である。

我邦俗間に三国伝来の仏像と称するものも往々にして存するが、何れも信を措くに足らぬ。唯其中でも嵯峨清凉寺に於ける釈迦立像は、一種の著しき特徴を有する。其三国伝来の事実は固より疑ふべきであり、また其衣褶の彫法に於ては一見何人も印度的の様式の存するを認めざるを得ない（同）。

日本特有の空間表象に基づく「三国伝来」という考えは、日本こそがインドに発し中国へと東伝した仏教の、真の継承者であるという認識と一体化していた。この思想は平安時代以降、王朝と教団の正統性と権威を保証し、王法と仏法が一体となった支配を根拠づけるイデオロギーとして機能した。(40) 釈迦と同体とみなされた清凉寺釈迦像はそれを体現する存在であり、伝承に相応しい絶大な崇敬を集めてきたことは、歴史が証明するとおりである。

ところで松本は、清凉寺像の由来に関する右の解釈を、文献の記載を以て裏付けようと試みている。そして南朝の梁・天監十八年（五一九）にインドシナ南部に建国された扶南が天監十八年（五一九）に「栴檀釈迦瑞像」を奉献したという記事（『梁書』巻五四、『南史』巻七八）に注目し、この像こそが清凉寺像の原像であったという考えを述べ、「最も可能的なるを信ずる」という。(41) この論文の緻密な文献考証は今なお参照すべき箇所が多いが、今日の美術史研究の水準に照らせば、清凉寺釈迦像の像容は、その直接的な源流を五世紀前半頃に中国華北で行われていた造像（図⑱）に求めるのが

図18　弥勒如来立像　中国・北魏時代　太平真君４年（443）　九州国立博物館

妥当である。そのさらに源流もガンダーラかインドかという二分法で捉えることはできず、中央アジアの造像に求めねばならない（奥健夫『清凉寺釈迦如来像』、至文堂、二〇〇九）。少なくとも扶南国奉献像と、清凉寺像の原像を結びつけることはできない。

ただし当否はともかくとして、東南アジアを経由して直接ないし間接的にもたらされたインドの様式が清凉寺像に反映されているとする見解は、示唆的な内容を含んでいる。松本は「仏像そのものが渡来した」という伝承としての「三国伝来」は、（根本像が日本まで来たという話だけでなく、中国まで来たという次元においても）「固より疑ふべき」として、これを斥ける。しかし一方で「三国伝来」という壮大な夢物語の信憑性が、結果的に「様式の伝播」という近代的な説明で裏付けられる格好になっている。

清凉寺像については瀧精一も「如何にも奇異の相を有し、三国伝来の称も空しからざるもの」「印度の古き典型を伝えたる」と評言している。ただ仏教学及び仏教史に通暁した松本の場合、その起源を純インド的造像に求める見解が、ナショナリズムの興起に伴う欧米への対抗意識のみによって形成されたとみなすのは、適切ではあるまい。日本仏教の中で連綿と強固に保たれてきた前近代的な「三国史観」が、それが意図的か否かは措くにせよ、より深層のレベルで作用した可能性を認めるべきであろう。

クシャーン期マトゥラー彫刻との出会い―第三段階

松本の仏教美術論における第三段階は、大正九年（一九二〇）十一月刊行の「月支王時代に於ける印度仏教彫像の研究」（『藝文』十一―七・八、一九一九）にみられる見解である。[42]一九一六年の論考から数えてわずか四年後の著作であるにもかかわらずあえて別の段階を設けるのは、この著作がインドからの帰国直後に執筆されたことによる。大正八年（一九一九）から翌九年にかけて長期間外遊した折、松本は一九〇二年以来二度目となる訪印を果たした。[43]その際クシャーン朝のマトゥラー彫刻に接した松本は、「親しく月支王時代（クシャーン朝時代）の彫像を見るに及び、翻然として悟る所あり」として、それまでの見解を大きく変更した。これを承けて執筆刊行されたものが、右の一九二〇年の論文である。ただし再検討されたのは、インド仏教美術史における時代様式の解釈、編年、その東漸の様相などに関する問題である。第三段階においてもこと東アジアへの影響力に関しては、純インド的造像がガンダーラ造像に優越するという原則に変更はない。

第三段階において松本は、「月支王時代には、マッラが印度に於ける彫像の一大中心地を成して居たと考えらるる」という認識に到達する。これは全く正しい見解である。マトゥラーにおける遺跡の発掘と彫刻の出土は、十九世紀に遡る。その質量がガンダーラに匹敵するだけに、いささか遅すぎる注目だったといえよう。この注目の結果、ガンダーラ（ギリシア・ローマ）美術とインド美術の関係をめぐる議論は俄然具体性を帯び、思弁的な傾向を和らげることとなった。この間の状況の推移について、京都帝国大学文学部における最初の美術史学担当教授である澤村専太郎（一八八四〜一九三〇）は、「秣莵羅（ムットラ）の都」と題する文章(44)で以下のように述べている。

犍陀邏藝術は、固より印度文明史上に重要な地位を獲得すべきものには相異ないが、従来西洋学者の一派が説く所は聊か之を過重した気味がある。（略）かやうな犍陀邏派に対する疑問と云ふよりも此派万能主義に対する反抗が研究者の間に高まって来た。而して之には印度に於ける近似の復旧派《ナショナリズム》の思想感情に刺戟せられ又は之に共鳴した点もあつて、印度には古くから犍陀邏派以外に更に古い歴史をもつ藝術が発達してゐた事を指摘したいと云ふ熱情も手伝つてゐる。（略）この運動に基調と光明を与へたのは秣莵羅地方から発掘せられた彫刻的遺物である。

ガンダーラ美術万能主義に対する反発がインドのナショナリズムと結びつき、その主張の物証としてマトゥラー彫刻が脚光を浴びるに至った。澤村の指摘は的確である。松本の所説はまさしく、この動向と軌を一にするものであったとみてよい。

雲岡造像論の変容

第三段階において松本は、クシャーン期においてマトゥラーが印度造像の一大中心地であったとする一方、ガンダーラ美術はクシャーン朝の興起以前に興隆し、同王朝の君臨によって衰退した、と考えるに至っている。そしてその絶対年代を、(仏教的な要素が登場する以前の)ガンダーラ美術の勃興期については紀元前一五〇年頃、(登場後の)最盛期については紀元前二世紀の末葉から紀元後一世紀の中葉に繰り上げている。以前(第二段階)の松本は「ガンダーラ美術の勃興を月支朝と関連して考へ」ていた。つまり松本は今日でもほぼ通用する年代観を、第三段階に至って撤回したことになる。

詳細は割愛するが、ここに示されているのは「ガンダーラ様式」と「グプタ様式」の間に「揵陀羅の俗臭を離れたるが、未だ能く毱多朝の超人的の風貌(七四頁)を顕はすには至らぬ」と評される「(クシャーン期)マトゥラー様式」を挟み込み、様式の交代あるいは展開を単線的にとらえる考えである。松本はクシャーン期のマトゥラー彫刻はギリシアの感化を受けて成立したものであり、かつこの感化は直接ではなくガンダーラを介した間接的なものである、と主張する。そしてギリシア的美術と純インド的美術の間に「希印折衷」という段階を設定する。ギリシア式からインド式へと至る、一種の進化論である。

また第三段階ではグプタ期の様相、さらにはその雲岡への波及に関する理解も変化している。第二段階ではこの時代の様式を単一なものととらえているかのような「グプタ式」の語のみが用いられていたが、ここでは地方様式の概念が導入され、衣文線を表さない中印式（いわゆるサールナート様式）と、衣文を反復するマトゥラー式の並存が、明確に認識されている。この認識に立脚して、漠然と「グプタ式」と語られていた雲岡造像の源流は、グプタ時代のマトゥラー造像に特定されるに至った。(45)

松本は「毱多期のマツラ彫像なるものは、一方には月支時代の特徴を有しながら、他方には中央印度の彫法を取り、其形相手法著しく精巧美妙」であるとする。そしてグプタ期マトゥラーを代表する名作である、ジャマールプル Jamalpur 出土の仏立像（図⑲）像を引き合いに出して「大同の造像は勿論 Jamalpur 丘の彫像の如く精巧には至らぬが、Jamalpur 丘のは毱多最盛期マツラに製作せられたのであらう、而して支那に伝わつたのは毱多期の初期に於けるマツラ派の製作であつたに相違ない」とし、当時の「彫像若くは其技術家が支那に其法を伝へたもの」とする。

また雲岡造像における前掲の三様式の関係について、第二段階でとられていた「②は①を範

図19　仏立像　ジャマールプル出土
グプタ時代　5世紀
インド・大統領官邸（コルカタ・インド博物館旧蔵）

としつつも形式化した様式であり、年代的にも後れる」という認識も改められた。その代案として、①と②の相違はグプタ初期のマトゥラー彫刻において、クシャーン期以来の同地の要素と中印式の要素の調和が、まだ完全に行われていなかったことを反映しているのではないか、という解釈が示されている。

このような松本の見解に対し、例えば木下杢太郎（一八八五～一九四五）は雲岡造像について、「中インドが主流だが、ガンダーラの要素もある」という立場をとっている（「大同美術中の犍陀羅分子」、『木下杢太郎全集　第十一巻』一九八二）。また小野玄妙（一八八三～一九三九）も松本説を批判し、北魏美術は伊東忠太の指摘通り、ガンダーラ美術の影響とみなしている。[46] 今日における雲岡様式の淵源に関する理解は、ガンダーラか中インドかで二分できるほど単純なものではなく、両者以外にイラン的、中央アジア的、中国的等々多様な要素が渾然一体となっているとみなされるが、当時の学界は澤村専太郎がいう、以下のような状況を呈していた。

尚一つの重要な問題が秣菟羅藝術に対して注意の焦点を投じてゐる。それは印度藝術が東方亜細亜に流入し又は東亜藝術に刺戟を与へたのは犍陀邏藝術であるか、夫とも中印度藝術であるかと云ふ問題である。古くは犍陀邏藝術の東流を以て東亜藝術が異常な刺戟を蒙つたと云ふ説が行はれてゐた。また現に此説を把持してゐる論者もある。然るに之に対して犍陀邏藝術の影響を認めずとなし、中印度藝術の東亜藝術に及ぼした感化の偉大な事を力説する研究家が生じてゐる（「秣菟羅の都」）。

澤村はガンダーラ美術と中インド美術のいずれが東アジアに影響を及ぼしたのかという問題を取り上げ、後者重視の立場が台頭しつつあることに言及する。澤村はこの後の文章で、どちらの影響も認めるべきであるという、ごく穏当な折衷案を述べている。美術史学者としての矜持と見識がそうさせたのかもしれない。ともあれこの段階でも松本は、「グプタ」の語を冠した造像の東伝を重視する、という立場を崩さない。中国に対するガンダーラからの影響を完全否定するわけではないが、ごく消極的にしか認めない。

留学直後の松本は、西洋人に伍して精緻な考証に立脚した宗教研究を展開する、という気概を示していた。この姿勢は文献研究において、終生変わることがなかった。しかし仏教美術研究においては、松本の見解が周囲に及ぼす影響力によって、「かくあった」歴史が「かくあるべき」歴史に読み替えられていく様子を、かなり明瞭に捉えることができる。これはあくまで結果であり、当人は右の論文でも自身が客観的な様式論を行っていることを明言しているが、考証と理想論の間を揺れ動く当時の文物研究の状況から、松本が自由でなかったことがうかがえる。

先にも若干触れたとおり、思弁的なインド固有美術論は植民地主義を体現する学問と目された考古学への反発と一体化していた。雲岡造像をインド固有美術の延長上に位置づけた松本は、のちに自身が所長を務める研究所のメンバーが、外地の大仏教遺跡である雲岡に考古学の方法で挑戦し、大規模な調査によって資料を蓄積し、精緻な考証を展開していく状況と向きあうことになる。めざましい成果を誇らしく思いつつも、その胸中には複雑な感慨が去来したのではなかろうか。

仏像起源論と仏像東漸論

それはともかく、以上に述べた研究の動向は、仏像の誕生をめぐる議論とも無関係ではない。

この件に関してインド人と日本人の間で温度差があったことに目を向けておきたい。

ガンダーラとマトゥラー、いずれの地で仏像が誕生したかという問題は今日なお決着をみておらず、仏教美術研究における最大の謎の一つである。しかし約一世紀前の時点では、仏像がガンダーラで成立したことに疑問が挟まれることは皆無であった。

この状況に風穴を開けたのがセイロン人とイギリス人の混血の美術史家、クマーラスワーミーである。先にみたとおり、彼は「インド美術の目的」（一九〇八）などの著作を通して、インド固有美術論を説く論客であった。その後仏像のマトゥラー起源説を初めて提唱したゴルベウV.Goloubew の見解（一九二三年）を承け、一九二六年から翌二七年にかけて「古代初期に行われた神像が先例となって、仏の独自の像形式が工夫された」という考えに基づいて、まずマトゥラーとガンダーラにおける仏像の同時各別起源説、ついでマトゥラー先行説を展開するに至った。[47]

一連の流れをみていると、マトゥラー彫刻が注目され始めた頃の、ガンダーラ美術と肩を並べるような美術がインドにもあるはずだという控えめな主張が、ナショナリズム高揚の中で物証を増やしていき、論として磨かれていった結果、最終的に仏像のインド起源を説く学説へと収斂していったことが理解できよう。

ところで松本は仏像誕生の地について、上述の三段階を通してガンダーラ説を取り続けており、昭和五年（一九三〇）の講演でも以下のように述べている。

ガンダーラに於て仏像が始めて制作せられてからは、それが印度の人心に非常な感動を与へたものと見えまして、直ちに其ガンダーラの仏像が印度に拡がり、それを真似て作るものが段々に現はれました。ガンダーラの仏像は先づ第一に、西北から東南の方に進んで行ってマッラーといふ所に移って来た。此は前にも一言した中央印度と北印度との境に位する一都会である。此地方に於て出来た仏像には、純粋ガンダーラを真似たものもあり、又幾らかガンダーラのものが印度化して印度人の思想に合するやうに出来たものもありました（「古代印度藝術の東漸」『東洋の古代藝術』一九四三、創元社、一五四頁）

注目されるのはこの年に至ってもなお、仏像誕生の地がガンダーラであることが自明とされ、それ以上の議論が全く行われていないことである。そればかりか、ガンダーラ美術のインド美術に対する影響も明言しており、この前後で仏像における衣紋表現などがインドの伝統から出るものではなく、ガンダーラに由来するとも述べている。

すでにクマーラスワーミーらの研究があったにも拘わらず、戦後高田修（一九〇七〜二〇〇六）が包括的な検証を行うまで、日本人研究者が仏像誕生をめぐる議論に本格的に取り組むことはなかった。一方で先の澤村の文章にもみたとおり、中インド仏教美術の東アジアへの影響力は、仏像のマトゥラー起源説の登場より早く、一九一〇年代から強調されていた。「仏像が先に作られた」のはどちらか。「他地域、ことに東アジアへの影響力があった」のはどちらか。いずれも「ガンダーラかマトゥラーか」という二者択一に対応する設問だが、前者が後者におくれて争点になったことは見逃せない。その主因がガンダーラ彫刻の年代論に存するとはいえ、(48)インド固有美術論に日本人が寄せた関心のありようを考える上で、これは意外に重要な事実なのではないか。日本人にとって、仏像誕生の地やインドにおける仏像誕生の状況以上に、仏教及び仏像の「東漸」の過程と淵源をめぐる議論の優先順位が高かったとみられることは、記憶されてよいと思われる。

以上、松本文三郎の仏教美術観を三つの段階に区分し、インド仏教美術とその東漸に関する理解を中心に、展開をたどってきた。最も積極的な執筆活動が行われた第二段階では、グプタ時代の仏教造像を頂点とする価値観が前面に押し出され、その見解の大きな特徴となっていた。すでに引用した箇所からも一端がうかがえるとおり、その価値を根拠づけるのは何かという議論には、少なからず思弁的な要素が含まれていた。次節ではかかる価値観にまつわる問題に注目し、松本における仏教美術観の構造をより詳しく検討したい。

第四節　大乗仏教の理想と藝術——造像に宿る精神

宗教と美術の相関性—精神美と形体美

ハヴェルらが展開したインド固有美術論が、インドにおけるナショナリズムの高揚と密接に関わり、独立運動と連携していたことは先学の多くが注目するところである。「排外的反植民地国民運動の一環として、インド美術史構築の作業がなされた」という指摘(49)は、当時の状況を的確に示したものといえる。興味深いのは、インド固有美術とガンダーラ美術の優劣にまつわる議論が、西欧の考古学的な手法の排除をアピールする一方、美と精神性の関係の問題を主軸に進められている点である。こうした精神論はインドのナショナリズムに大義を与える役割を果たしたが、この領域に最も深く入り込んだ日本人研究者の一人が、松本文三郎である。そのことを念頭におきつつ、再びハヴェルの言に耳を傾けてみよう。

美術が依然として立派な哲学を有ち、依然として国民的信仰と種族伝統の大なる代表物を留めるのは、単に東洋に見得る丈である。印度の理想主義に於て、吾人は啻に全アジア美術のみならず、中世期の基督教美術の理想を理解するの鍵を発見するのである（『印度美術の発因』）。

ハヴェルがガンダーラ美術に「精神なき土偶」すなわち仏造って魂入れずという批判を浴びせたことは、前節で引いた松本の言葉にみた通りである。ハヴェルは（同人がそう理解するところの）宗教性を喪失した美術を攻撃する。これに対し西洋美術で失われた理想が生きているのが東洋、就中インド固有の美術であり、それは中世キリスト教美術と親和性をもつ存在と捉えられている。ガンダーラ讃美はルネサンス讃美と同じであり、考古学的手法による美術研究のお仕着せであり、宗教と美術の乖離を象徴する現象として指弾される。その原動力となっているのは、プロテスタンティズム及び西欧近代文明に対する強い不信感であろう。日本人研究者においてみられる、ガンダーラ美術讃美からインド固有美術讃美へという一九一〇年代の転向に、時局が深く関わっていたであろうことは、従来から強調される通りである。想像の域をでないものの、黄禍論興隆期のベルリンに日本人留学生として滞在した松本にも、ハヴェルらの議論が溜飲を下げる効果を及ぼしたとしても不思議はなかろう。

次にハヴェルの仕事に一定の評価を与えつつもガンダーラ重視説を取った、英人研究者ヴィンセント・スミス Vincent Arthur Smith（一八四八〜一九二〇）の『インド・セイロン美術史

A History of Fine Art in India and Ceylon』（一九一一）の見解に対する、松本の評価をみておく。

スミス氏の毱多期の天才藝術家が希臘の彫刻を見、之を研究し、其の精神を取り之を印度的形式に顕したといふのは、余輩の遺憾ながら全然同意を表する能はざる所である。抑も希印両国の藝術は共に其の美を以て其理想とする、而して其所謂美なるものは必らずしも心身の一面のみを以て足れりとするのではないが、併し何れかといへば、希臘人の表顕せんとする所は寧ろ主として形体美にあり、之に反し印度人の主とする所は精神美にある（『印度の仏教美術』一九四頁）。

インド人の志向が精神美、ギリシア人の志向が形体美に照応し、後者は前者に及ばない。美術における精神美は形体美に勝るものであり、信仰もしくは宗教性の深浅がその価値を左右する——素朴な心身二元論といってしまえばそれまでだが、この点において、ハヴェルと第二段階における松本の見解は同じである。先にもみたとおり、松本はハヴェルのガンダーラ美術批判を、言葉が過ぎるとする。しかし一方で純インド的美術とガンダーラ美術の序列、及び両者の評価法においては、ハヴェルの用いた枠組を踏襲している。

なぜ仏教美術は特別か

しかしながらハヴェルと松本の見解には、決定的な相違がある。前者は「インド（固有）美術」、後者は「仏教美術」に、各々最高の価値を認めている点である。ハヴェルのインド文化理解は「印度一円は、よし人種と信条に於ては全く単一である」、「印度は常に真理は絶対なり、併しその実現には種々の道あり」（『印度美術の発因』）といった言葉に要約される。そしてインドの宗教美術についても、その全てにインド固有の思想が底流していることを強調し、均質なものとして評価する。

仏教徒、ジェーン、印度、シック、更にサラセンに至る迄、印度美術の複雑な種々相を通じて、そのあらゆる御祈禱的、独断的な差違にも不拘、それ等を統一するヴェダ思想の金の糸が一貫して走つている（『印度美術の発因』）。

ハヴェルはインドの宗教美術がかかる状況を呈する要因を、「信仰に関する印度思想の忍辱性」と説明する。「異文化に対する仏教の寛容性」を強調する、先にみた松本の第一段階における見解を裏返したかのような解釈である。一方仏教美術を別格視する松本はハヴェルの所説を承け、以下の意見を述べる。

ハーヴェル氏は嘗て印度美術の特質を論じ、唯心的、超越的、象徴的、及び神秘的(Idealistic, transcendental〈ママ、transcendent か〉, symbolic and mystic)の四語を以て之を要約して居る。是れは大体に於て正鵠を得て居ると思ふ(『印度の仏教美術』五七頁)。

以上略述した四種の特質は何れも大体において仏教藝術の特質となすに足るものではあるが、併し是れは前にも説いた如く寧ろ印度に於ける一般美術に共通なる所で、之を以て仏教美術と他の印度美術とを識別する訳にはいかぬ(同六五頁)。

「ガンダーラの形体美に勝る精神美を備えたインド固有の美術」という考えは正しいが、それだけではインドの宗教美術の中で、仏教美術がぬきんでているということにはならない。そう考えた松本は、第一段階で採用していた「異文化への寛容性」とは別次元の論理を持ち出し、この課題を解決しようとする。

仏教美術と印度の他の美術との間、特に其神仏等の像に於ては、著しく異なった点があるやうに思はれる。それは仏教像には利他の観念、慈悲の思想の最も濃厚に表顕せられ居ることである。元来仏教以外の宗教にあっても利他の観念が絶対にないとはいはれぬ。併し其主たる部分は自利であり、利他の思想は多少存しても甚だ純粋なものではなく、寧ろ相互的のものである。即ち一定の修行供養をすれば、神は此に其人に対し恩恵幸福を授くるといふが如きである。然るに仏教にあつては常に自利利他円満とか、悲智円満とか称し、啻に智慧を得、自利の業の全くするを以て満足すべきではなく、既に自利の業を卒れば、此に利他の行によつて衆生救済の務を成さなければならぬ（同六五頁）。

ここに至って松本は、「利他」「慈悲」という仏教ことに大乗仏教に内在する思想そのものの優越性が、グプタ仏教美術の優越性に反映されていると説く（前段階のクシャーン朝仏教美術は小乗仏教に対応させている）。

かつて松本は、印象批評にとどまる発言とはいえ、ギリシア美術の流れを汲むガンダーラの仏教美術が、優れて写実的なだけでなく、「吾人に感化を与ふる」がゆえ、ヒンドゥ教美術より上位にあると述べていた。第一段階以来一貫して、松本の関心は、他の宗教美術より仏教美術を優位におくことに存していたといえる。ギリシア美術の側に引き寄せられても、インド美術の側に引き寄せられても、仏教美術の優越性を主張するという軸がぶれることはない。

余輩は毱多期の彫像に関しては次の如くいはんと欲する。紀元後四百年前後印度に於ける彫像家は、過去数百年来の経験によつて養はれたる手腕により、近くは関接に西欧より輸入せられた新藝術の刺戟を受け、更らに最近勃興し来つた大乗仏教の理想によつて涵養せられ、此に毱多期最盛期に於ける幾多の藝術的傑作を大成したと（同三〇一頁）。

講演用の文章であることが影響しているのかもしれないが、右の引用文では松本がかつて掲げていた「宗教と学問（ここでは美術史学）の峻別」ではなく、融合を推奨するかのような議論が堂々と行われている。仏教美術はそれまでの厚みある歴史に「大乗仏教の理想」が加わって究極の発展形に到達する、これこそがグプタという時代である、と。これを造形不在、考証不在の空疎な護教論と批判することはたやすい。しかしクマーラスワーミーやハヴェルが描いた「目的」や「理想」と同様の価値を、「仏教」という軸を用いて示す試みと考えれば、松本のこうした発言は、当時のアクチュアルな課題への回答という側面が強く、松本という一個人に納まりきらない歴史的背景をもっている。その評価も、多様な観点からなされねばなるまい。

岡倉覚三と松本文三郎

ところで松本と同じ頃にインドを訪れた人物の代表格は岡倉覚三である。ただし両者間に交流があった証拠はない。岡倉がインド滞在中に執筆し、明治三六年（一九〇三）に刊行された『東洋の理想』は、以下のような主張を展開する。同書はインド美術へのギリシア美術影響説を否定し、インド固有美術を顕揚する書物としては、最古の部類に属する。

インドにおいては、この初期の仏教の藝術は、これに先立つ叙事詩時代のそれからの自然な成長であった。というのも、ヨーロッパの考古学者たちが好んでするように、その突然の誕生をギリシアの影響によるものとして、仏教以前のインド藝術の存在を否定することとは意味のないことだからである（講談社学術文庫版、一九八六、七四頁）。

一方松本は、一九〇三年の時点ではガンダーラ優位説を採っており、インド固有美術を相対的に高く評価する見方をいち早く採用した岡倉と比べると、大きく遅れをとっていた。長期間欧州に留学した松本にしてみれば、その帰途にインドを経験したからといって、西欧文化を否定的にとらえる立場は、まだ念頭になかったのかもしれない。

『東洋の理想』の序文は、その英文校閲を担当したニヴェディタSister Nivedita（本名Margaret Elizabeth Noble〈一八六七〜一九一一〉の執筆にかかる。ニヴェディタはヒンドゥ教に改宗した英人である。岡倉に惜しみない賛辞を送る彼女の見解は、ハヴェルの所説に近い。ハヴェルは岡倉の著書から受けた影響を自著で明言しており、(50)彼らが早い段階からインド固有美術論を共有していたことがわかる。以下に引くニヴェディタの言葉には、のちにハヴェルが展開したのと同じ論理が認められる。(51)

われわれが仏教と呼んでいるものは、本来、（略）限定され公式化された信条であったはずはありません。むしろ、われわれは、それを外国人の意識で受け取るとき、それはヒンズー教（インド教）として知られている広大な綜合体に与えられた名称であると見なさなければなりません（同一一頁）。

仏教がヒンドゥ教に包含された存在として拡がったというこの論理は、松本が第二段階以降の著述において、「利他と慈悲」を持ち出して乗り越えようとした対象に他ならない。

しかしながら岡倉も、同書において仏教とインド藝術の関係を論じる中で、「（釈迦の）慈悲」

に言及している。

彼（釈迦、筆者注）がその無限の慈悲を湛えて、一般庶民を一つの偉大な心情として夢み、社会的束縛の破壊者として立ち、万人に平等と同朋関係とを宣言しているのをわれわれは見るのである。儒教的中国の感情にははなはだ近いこの第二の要素こそ、ヴェーダ思想を発展させたあらゆる前代の人々から彼を区別し、彼の教えをして、人類の全体ではないにしても、全アジアを抱擁することを得しめたものであった（同六八頁）。

岡倉は慈悲を、仏教がインドの枠を超えて全アジアに波及する力を得た主因とみている。ただし造形面における仏教美術の優位性の根拠を、利他や慈悲など仏教そのものに内在する美点、ことに倫理的価値を伴う美点に求めることはない。これが松本の所説との違いである。岡倉の所説のうち、アジアの一体性を強調するために儒教と仏教の共通性を読み取る部分などは、松本にしてみれば到底容認できない見解だったと思われる。ただ、松本が先にもみたとおりハヴェルらの説を引用する一方、岡倉の著述に言及することがない点は、やはり不自然というほかない。ハヴェルらと基盤を共有する岡倉説を意識し、それに触発されつつも、そこにない要素を加味することによって、松本が自身の仏教美術論の構築を図った可能性は、認める

必要があろう。(52)

仏教美術の造形理念と価値判断の指標

ここで再び、第二・第三段階における松本の発言に耳を傾けてみよう。

併しながら彼等が写実を以て能事終れりとなし、形態の美を以て藝術の極致を得となすならば、是れは唯俗諦を知るのみで、未だ真諦を知らざるものである。其製作は犍陀羅彫像に見るが如く、俗に陥ゐらんとするは当然の結果である。仏教美術を論ずるものは最も此点に注意するを要するので、普通美術に於けるが如く単に其意匠の奇抜とか、写実の巧妙といふやうな点のみ注意して居ては、到底仏教美術を味ふことは出来ないのである（『印度の仏教美術』、三〇〇頁）。

但斯の如き幽妙なる思想を造形美術の上に顕出さんとすることは、如何に其技巧の進歩した時代にあつても容易の業ではない、否恐らく難中の難であらう。而して技巧を形似に弄すれば、愈人は其末節にのみ注意して、其真を遠かるに至るは当然の結果である。勿論全然形似を離れて其神を伝ふることは不可能であるが、形似は成るべく之を粗略にし、専ら伝神に精力を集注しなければならぬ」(同六一頁)。

この論法の特徴は、インド固有美術・仏教美術の価値が技術力ではなく精神性に存することを、「形似と伝神」という東アジア美術における評価軸・造形理念を以て説明しようとしている点にある。次に引くのは、北宋・徽宗の宣和内府に収蔵された絵画の目録『宣和画譜』(一一二〇序)にみられる、北宋前期の花鳥画家・趙昌の画を論じた一節である。

趙昌字昌之、広漢人。善画花果、名重一時。(略)且画工特取其形似耳、若昌之作、則不特取其形似、直与花伝神者。

趙昌、字は昌之、広漢の人なり。善く花果を画き、名は一時に重んぜらる。(略)且つ画工は特だ其の形似を取るのみ、昌の作の若きは、則ち特だ其の形似を取るのみならず、直ちに花のために神を伝える者なり。

画工の絵は花の形(外見)に似せる次元にとどまっているが、趙昌はそれだけでなく、花の本質を伝える域に到達している——これは東アジアの絵画批評史を論ずる際に必ず問題となる文章だが、ここで取り上げられているのは写実的な花鳥画であり、「伝神」は「形似を超えた形似」という意味を帯びている。(53) しかし以後「伝神」は「描き手の内面の充実を伝える」という意味の用語として、文人画の制作・批評の場で定着した。近世以降の日本でも「形似と伝神」の対概念は、田能村竹田（一七七七〜一八三五）の『山中人饒舌』（一八三五）にみえる「詩人咏物、画家写生、同一機軸。形似稍易、伝神甚難（詩人の咏物、画家の写生、同一の機軸なり。形似は稍や易く、伝神は甚だ難し）」という言葉などを介して、広く人口に膾炙していたとみてよい。

松本のいう「形似と伝神」は、東アジア絵画史の精密な理解に基づくものではなく、「形体美と精神美」に対応する語の域を出ない。「形体美と精神美」の問題はハヴェルらの主張との関係も含め再三取り上げてきたが、ここではさらに「俗諦と真諦」という仏教用語までもが動員されている。単なる言い換えに過ぎないとはいえ「どんな評価軸を設定しても、グプタ仏教美術に至高の精神美が体現されていることに変わりはない」という主張が強く押し出されている。そしてこの主張は、「グプタ仏教美術の強い伝播力と影響力」を東アジア仏教美術のうちに認める見解を通して反復された。

結びにかえて

以上、松本文三郎の仏教美術論の中で特に注目すべき部分を抽出し、検討を行った。その特徴は、大凡以下の三点に要約できる。

一、インドを基準点に据えた思考、特に「グプタ」(の名を冠した)仏教美術の東漸(中でも雲岡造像)という図式への強い執着。

二、仏教美術の他宗教の美術に対する優越性。

三、仏教思想(ことに大乗仏教の理念「慈悲と利他」)の他宗教に対する優越性が、造形にも立ち現れる、という立場。

その議論は即物性より理念的、思弁的な傾向が勝っており、骨董趣味をもつ文化人にありがちな好事家的な側面はうかがえない。また学術的性格が強い文字資料の蒐集家としての側面とも異なるが、この領域において松本の存在感を際立たせているのは、雲岡造像グプタ起源説が当時の学界に強いインパクトを与えたこと、そしてインド固有美術の優位性、ことにグプタ期仏教美術のすばらしさを広く説き、普及をはかったことに集約できる。時局に関する松本の発言はほとんど遺っていないが、その発言が当時の日本におけるナショナリズムの高揚、大アジア主義台頭の風潮に有利な材料を提供するものであったことは否定できない。

また松本の主張は仏教系知識人ならではの思考を含んでおり、当人が望んだかはいざ知らず、「仏教文化研究の第一人者が、教団関係者や信徒の気分を代弁した見解」として影響力を保ったことも想像できよう。松本らが心血を注いだインド仏教美術論・仏教美術東漸論の展開は、前近代の仏教に底流していた三国史観が、日本の近代化の過程でどう読み替えられていったかという問題とも無関係ではない。終戦を経て、仏教美術史にまつわる議論は、時局の要請からひとまず解放されるに至る。松本が世を去ったのはその直前、昭和十九年（一九四四）のことであった。(54)

小稿を閉じるにあたり、松本が最も直接的にグプタ様式東漸論を展開している事例として、金剛峯寺の諸尊仏龕（図⑳）に関する議論を紹介しておきたい。この小仏龕は高さ二三・一センチ、ビャクダン製で携帯用とみられる。蝶番で開閉できる仕様になっており、内部には仏・菩薩像などが精密に彫出されている。本品は空海請来品のリストである『御請来目録』所載の「刻白檀仏菩薩金剛等像一龕」に比定され、弘法大師空海（七七四～八三五）請来の品とする見解が定説となっている。

図20　諸尊仏龕　中国・唐時代　7〜8世紀　和歌山・金剛峯寺

同目録の記載を信じれば、本品は金剛智（六七一〜七四一）が南天竺国から唐にもたらし、不空（七〇五〜七七四）、恵果（七四六〜八〇五）を経て空海の手にわたったことになる。松本はこれを採用し、清涼寺釈迦の場合とは異なって、グプタ期のマトゥラーで制作された現物が、日本まで到達したと主張する。[55]恵果以前の伝承を疑う見方に対し、松本はこの仏龕がインド製であると断定する。

此檀像を以て支那製となすが如きは、実に思はざるの甚だしいもので、寧ろ己れの無知を告白するものともいふべきであらう（「グプタ朝藝術の一遺品」)。

そしてこの仏龕が三国伝来の実物だということを、奇蹟であるかのように賞賛する。

従来学者は僅かに美術的価値の幾分を知るのみで、此重大なる藝術史上の価値を認めることが出来なかつたがため、能く此龕像の有する真価を発揮し得なかつたのである。余輩が前に之を以て現存する世界唯一の資料となしたのも、亦実に此理由に基づくのである。況んや又此龕像は支那日本に於ける密教諸祖の師資相伝の印信たる宗教的無限の価値を有するものなるに於てをや、洵に是れ絶世の至宝といふべきである（同）。

この仏龕の彫技は超絶技巧というほかなく、その質の高さの理由をインド製であることに求めたくなる心情は、よく理解できる。しかしながら尊像構成や意匠は唐より一時代前の、エキゾチックな様式が顕著な北斉（六世紀後半）頃の造像（図㉑）と合致する部分が多い。空海将来は認めるべきだが、実際のところは何らかの伝承を伴った中国製の龕像が七〜八世紀の唐で写し取られ、そこで新たな伝説が付加された事例と考えねばならない。(56)

仏教美術の歴史においては「『インド由来』など、特別な伝承を備えている」「奇瑞をおこす」

図21　仏九尊碑像（部分）　中国・北斉時代
天保2年（551）
米国・ペンシルヴァニア博物館

などの理由で権威をもつ像（いわゆる「瑞像」）がいくつも存在する。伝承が事実か否かは別として、特別の意味を賦与された像の姿は規範として継承され、拡がっていく。清凉寺釈迦像の模刻の大量生産などは、その最もわかりやすい事例である。これは単なる「様式の伝播」とは別次元の現象と扱わねばならない——以上のような認識は近年仏教美術の研究者、特に日本人研究者の間で急速に浸透し、共有されるに至った観がある。

近年の仏教美術研究の場では、美術史学の自立を保つために様式史を一般史と切り離して特化するという、かつて主流を占めた方法論に反省を加える傾向が顕著である。かわって宗教上の文脈についての理解は形象の伝播・波及の問題と切り離せず、議論の客観性を保つ前提としても必要である、という考えが支配的になった。このような状況下、そしてインド・中国・日本の間を埋める作品資料が激増した今日、もし松本という碩学があれば、広い視野と周辺諸学に跨がる該博な知識を以て、右にみたような強弁とは別次元の議論を展開し、より客観的・実証的な仏教美術史を構築することに多大な貢献をなすと思われる。

冒頭に引いた『文学部の百年』の記事にもあるとおり、松本は仏教学を近代の学問水準に引き上げることに大きく貢献した。しかしこと美術史学の領域では、その研究は宗学から脱出する試みとしては成功を収めたものの、そして時局と無関係でいられなかったことが考慮されるものの、仏教の普遍的価値を重視する余り、仏教そのものを相対化しきれなかったところに問題を抱えていたといえる。造像のうちに大乗仏教の理想の反映をみるという考え方自体、理想の産物というほかない。

小稿では松本の本領であり、多くの名著を生んだ仏教学研究の成果を十分参照した上での議論を展開することはできなかった。また仏教美術に関するものも、大局的な様式伝播論に注目する一方で、個別テーマを取り上げた考証学的な研究(57)には言及できなかった。それゆえ著作からネガティヴな要素ばかりを抜き出す結果になったのではと恐れる。とはいえそこには明治から戦中に至るまでのわが国の東方学、就中仏教関連諸学を牽引した人物が、仏教美術の造形に向けた視線が焼き付けられている。学史上貴重な証言として、その価値が失われていないことを強調し、以て考察の区切りとしたい。

注

（1）東方文化学院京都研究所から京都大学人文科学研究所へと至る歴史は、『人文科学研究所五十年』（京都大学人文科学研究所、一九七九）参照。

（2）「松本博士還暦記念会記事」（『藝文』二〇—一二、一九二九）。以下特に断らない限り、松本の伝記はこの記事による。

（3）『京都大学百年史』（京都大学後援会、一九九七）により詳しい記事がある。

（4）『弥勒浄土論・極楽浄土論』（前田耕作解説。平凡社東洋文庫、二〇〇六）。同書及び注（2）前掲記事には、単行書のみだが著作目録が付載されている。

（5）山本（金田）良吉については兵頭高夫「山本良吉小論」（『武蔵大学人文学会雑誌』三七—四、二〇〇六）参照。山本はのち明治四一年（一九〇八）六月から大正七年（一九一八）三月にかけ、京都帝国大学学生監を務めることとなる。

（6）『読売新聞』明治三二年（一八九九）十一月十二日付朝刊、「詞林」に掲載。

（7）巖谷小波『洋行土産』上巻（博文館出版、一九〇三）、一一〇頁。

（8）森村修「フッサールと西田幾多郎の「大正・昭和時代（一九一二～一九四五）」—『改造』論文と『日本文化の問題』における「文化」の問題—」（『法政大学教養部紀要　人文科学篇』一〇四、一九九八）など。

（9）注（7）前掲の巖谷書下巻、一四〇頁。

（10）姉崎のドイツ留学については磯前順一・深澤英隆編『近代日本における知識人と宗教—姉崎正治の軌跡』

（東京堂出版、二〇〇二）、三〇頁以下。

（11）　この研究は馬鳴作と伝える『大乗起信論』を扱った以下の一連の論考に結実し、京大赴任後に発表された。「起信論に就て」（『藝文』一―二・三、一九一〇）、「起信論後語」（同一―五、一九一〇）、「起信論の訳者と其註疏」（同一―八、一九一〇）。いずれも『仏典の研究』（丙午出版社、一九一四）に再録。

（12）　このときの写真は注（7）前掲巖谷書上巻の口絵、秋山公道『絵はがき物語』（紀伊國屋書店、一九八八）などにみえる。

（13）　巖谷小波『洋行土産　上巻』一七七頁以下。ベルリンの花祭についてはほかに常光浩然『明治の仏教者上』（春秋社、一九六九）、三九三頁。白須浄真『大谷探検隊とその時代』（勉誠出版、二〇〇二）、「三谷真澄「ベルリンの仏教事情」（『仏教学研究』六九、二〇一三）など参照。

（14）　宣統元年（一九〇九）八月、本書の中文版（毛乃庸訳）が上海の中国図書公司から刊行されている。

（15）　注（7）前掲巖谷書上巻、三九四頁。

（16）　展覧会図録『二楽荘と大谷探検隊―シルクロード研究の原点と隊員たちの思い』（龍谷大学龍谷ミュージアム、二〇一四）。

（17）　井上章一『法隆寺への精神史』、弘文堂、一九九四。

（18）　この見解は松本文三郎『印度の仏教美術』（丙午出版社、一九二〇）の一二五頁以下で再説されている。ただし岡倉覚三も明治三六年（一九〇三）にロンドンで刊行された『東洋の理想』で、「多分にインドのトーランを想起させる鳥居と玉垣を供え持ち、清浄無垢な先祖崇拝の聖なる社である伊勢と出雲の大社」と述べており（講談社現代文庫版、一九八六、三〇頁）、この考えが松本だけのものでなかったことを物語っている。

(19) 内藤湖南とわが国における黎明期の敦煌写本研究の様子は、内藤湖南「トンコイズム」(『内藤湖南全集』第六巻所収、筑摩書房、一九七二)参照。より詳しくは高田時雄「内藤湖南の敦煌学」(『東アジア文化交渉研究』別冊三、二〇〇八)。

(20) 大谷光瑞による『西域考古図譜』(国華社、一九一五)の序は、将来品の研究を託した学者として内藤の挙げるメンバーに小川琢治と薗田宗恵を加える。この前後の状況は注(16)前掲書、一九〇頁にも詳述される。

(21) その成果は「中央亜細亜発掘の古写経に就いて」(『藝文』二―一、一九一一)、「燉煌石室古写経の研究」(『藝文』二―五・六、一九一一)、「異本般若経に就いて」(『藝文』二―九、一九一一)、「敦煌本大雲経と賢愚経」(『藝文』三―四・五、一九一二)。

(22) 石井公成「近代日本における『大乗起信論』の受容」(『二〇一二年度全体研究会プロシーディングス』龍谷大学アジア仏教文化研究センター、二〇一三)。

(23) 事業に際して松本の肖像画二枚が制作され、研究室と本人に贈られた。当時の関西画壇を代表する洋画家・鹿子木孟郎(一八七四〜一九四一)の作で、書斎の姿と講壇の姿が描かれたという。

(24) 傅芸子「東山草堂的追憶―並悼松本亡羊博士」(『藝文雑誌』三―一・二、一九四五。『人海閑話』海豚出版社、二〇一二所収)。『東山艸堂仏教徴古録』図七四。傅芸子は北京留学中の入矢義高(一九一〇〜一九九八)から松本の訃報を聴き、その事蹟と追憶を書き記している。松本は傅芸子『正倉院考古記』(文求堂、一九四一)に序文を寄せたほか、写真借用許可を得るべく帝室博物館への紹介の労を取ったという。

傳は謝意を表するとともに、徴古館の蔵品をかなり詳しく紹介している。

(25)『仏教関係古写古版本目録』(仏教徴古館紀要第弐冊、石崎達二編、一九三二)。

(26)『松本文庫目録』(京都大学人文科学研究所、一九五二)、梶浦晋「人文研のアーカイブス(1) 大唐西域記十二巻」(『漢字と情報』一、京都大学人文科学研究所附属漢字情報研究センター、二〇〇〇)。

(27) 藤枝晃「『徳化李氏凡将閣珍蔵』印について」(京都国立博物館『学叢』七、一九八五)。藤枝晃「表紙のことば」『言語生活』三九八〜四〇〇、四〇一・四〇二、一九八五)。展覧会図録『モダニズム再考―二楽荘と大谷探検隊』(芦屋市立美術博物館、一九九九)、一六三頁は「許可を得て借覧したらしく」とする。

(28) 注(17)前掲井上書、六一頁以下。

(29) 松本文三郎『仏教藝術とその人物』(同文館、一九二三)に再録。

(30) 注(29)前掲松本書に再録。

(31) 松本文三郎『支那仏教遺物』(大鐙閣、一九一九)に再録。

(32) ハヴェルについては注(17)前掲井上書、一七四頁以下、稲賀繁美『絵画の臨界―近代東アジア美術史の桎梏と命運』(名古屋大学出版会、二〇一四)、一三四頁以下を参照。後者はハヴェルと岡倉覚三の見解の共通項、影響関係なども詳述している。

(33) 注(17)前掲井上書、一六八頁以下、注(32)前掲稲賀書、一四二頁以下。

(34)「彙報」(『東方学報　京都』一〇―一、一九三九。同一一―三、一九四〇)、及び注(32)前掲、傅芸子の随想参照。一度目は協議会発会式参列のため、九月二日に羽田亭と出発した。この年の視察時には雲岡調査団はすでに帰国していた。二度目の出張は八月二一日から九月一三日にかけてであった。

(35) 伊東忠太「支那山西雲岡の石窟寺」(『国華』一九七・一九八、一九〇六)、濱田耕作「希臘印度式仏教美術に就いて」(『国華』一八八・一八九・一九一・一九二・一九三・一九六、一九〇六。注(17)前掲井上書、一四〇頁、一六六頁。

(36)『大阪毎日新聞』兵庫県付録一九一五年九月十三日、十四日号。松本は「神戸付録」とするがこれは朝日新聞地方版の名称で、この記事を引く瀧論文にいう「兵庫付録」が正しい。

(37)「雲岡彫刻の西方様式」(『雲岡石窟』第十二巻、京都大学人文科学研究所、一九五四)はグプタ様式の影響を強調する松本説に言及し、「博士が考えられたガンダーラ美術の概念は、はなはだしく更改を要する」とする。そして雲岡の西方様式の源泉はこの二つに限定されず、イラン系の要素、雲岡以前の中国仏像の要素なども含め、内外のあらゆるものを抱擁する勢があったことを指摘する。

(38) ただし瀧はマトゥラーを中インドとするのに対し、松本は「マトゥラー」と「中印」を対置したり、マトゥラーを「北インドと中インドの境界」とするなど、インドの地域区分において両人の認識が異なるため、議論がかみ合わない部分がある。

(39) 例えばクマーラスワーミ『印度及び東南亜細亜美術史』(北海出版社、一九四四)の訳者である山本智教は、「松本先生はその著において西紀前の印度美術が純印度のものであり、支那北魏の美術が殆ど純印度式のグプタの伝統をうけつぐものなることを高唱され、フッシェ等のギリシャ影響説に反対せられたのは印度に同情ある態度であって、訳者の私かに敬服するところである」という。

(40) 平安~鎌倉時代の三国世界観と宗教政策の関係は、上川通夫『日本中世仏教形成史論』校倉書房、二〇〇七)、横内裕人『日本中世の仏教と東アジア』塙書房、二〇〇八)などを参照。また近代の日印関係の中で、両国の仏教美術が対比された例として以下の事実が注目される。大正五年（一九一六）に初来日したタゴール Rabindranath Tagore（一八六一～一九四一）は、仏教が日本で今日まで存続・隆盛していることを讃歎した。これをうけて田中豊蔵（一八八一～一九四八）は、仏教が過去のものになったインド、仏教が今も生き続けている日本、という図式をその現代インド絵画論の中で強調している。注（32）前掲稲賀書、二一〇頁。

（41）ただしこの瑞像奉献の記事に最初に注目したのは、松本ではない。内務省宗教局『国宝帖』（審美書院、一九一〇）第三一五図の清凉寺像の解説は「一見源泉の印度古式に出でたる」、「純印度様なる錫蘭（セイロン）の造像」に近い、などとした上で右の記事に注目し、南海の仏像の系譜を引くと考えている。一九一〇年の刊行であり、像容にインド的要素を認める著述としては、かなり早い事例といえる。瀧は『国華』掲載論文でこの『国宝帖』の説を引くが承服できないとし、源流は中印度にあると断定する。なお松本は二つの先行文献に言及しないが、右の議論からヒントを得ている可能性は十分あろう。

（42）松本文三郎『仏教藝術とその人物』（一九二三）に再録。

（43）この長期外遊で松本はイタリア、ギリシア、エジプト、インド、インドシナ、ジャワを訪問している。注（29）前掲『仏教藝術とその人物』五一頁はその時期を「大正七、八両年にわたり」とする。しかし還暦年譜は大正八年「五月」発とし、一方で同七年八月に松本はのちに注（18）前掲『印度の仏教美術』にまとめられる夏季講演会を京都で行っている。したがって松本の記事の「七、八年」は誤りで、「八、九年」とせねばならない。なお以後京大退官に至るまでの海外渡航は、大正十四年（一九二五）の朝鮮出張のみである。

(44)『大阪朝日新聞』一九二〇年一月、『東洋美術史の研究』(星野書店、一九三二)再録。
(45)松本の設定した雲岡造像の三様式を、対応する造形的特徴及び窟とともに示すと、以下のようになる。昭和五年(一九三〇)の「古代印度美術の東漸」と題する講演(『東洋の古代藝術』一九四三所収)をもとに掲げておく。
①第一様式　第二十窟を例示「身体が非常に豊満であり、頤が二重になってゐて、咽喉の所にクビリの線が入つてをり、肩幅も広く偉然たる大丈夫の相」「皺の彫り方からマッラーの像と近い」
②第二様式　第十窟を例示「女性的」「衣は薄くて殆んど肉体そのままが表れてゐるやう」。「グプタ式の影響を受けたあとのマッラーの造像に基づく」
③第三様式　西端諸窟の造像を例示　「北魏人の風俗に倣う」「仏像の段々支那化せられたこと」
(46)小野玄妙「崛多時代の藝術(上)(下)」(『東洋哲学』一九二〇年三・五月号)、『極東の三大藝術』(内午出版社、一九二四)。
(47)クマーラスワーミーは一九一六年に渡米、ボストン美術館の東洋部インド部門の責任者に着任する。注(32)稲賀書一四六頁は、そこに岡倉覚三の遺志が作用した可能性を説く。仏像のマトゥラー起源説については高田修『仏像の起源』(岩波書店、一九六七)、二九六頁以下。
(48)注(47)前掲高田書参照。十九世紀以来のガンダーラ美術ギリシア影響説に対し、二十世紀第二四半期には帝政ローマ(前二七〜)影響説が盛んに行われるようになる。広義のガンダーラに位置するタキシラ・シルカップ遺跡で、第一クシャーン朝の初期層(後一世紀後半)から仏像が全く出土しなかったことなどが要因であり、ガンダーラ美術の年代は全体に引き下げられる。

（49）稲賀繁美「岡倉天心とインド―越境する近代国民意識と汎アジア・イデオロギーの帰趨（講演録）」（大阪大学二十一世紀ＣＯＥ研究プログラム「インターフェイスの人文学 トランスナショナリティ研究プロジェクト」、二〇〇四年七月二日）

（50）ニヴェディタについては注（32）前掲稲賀書、一六四頁以下に詳述されている。

（51）ニヴェディタの序文は、「東洋のインド化」が実現すれば、「日本の藝術の中に、英国における前世紀の「中世復活」のそれと並行的な理想の復活」が生じるだろうという（『東洋の理想』、一五頁）。ヨーロッパ中世に理想をおく点も含め、その所説はハヴェルと同じである。

（52）注（32）前掲稲賀書一四二頁以下は、岡倉の創刊にかかる『国華』の編集責任者となった瀧が、一九一〇年代後半の著述において、すでに没していた岡倉の所説を、批判・沈黙を通して貶めていたことを指摘する。

（53）西上勝「宣和画譜小考」（『山形大学紀要（人文科学）』十七―一、二〇一〇）。「伝神」は当初南朝の顧愷之による肖像画の制作理念とされた用語だが、のちに「形似」を超える境地と位置づけられた。また本文に引いた『宣和画譜』の一文は写実的な花鳥画についての評言だが、のちにひろく自由自在な制作態度を示す文人画の用語としても用いられた。蘇軾（東坡、一〇三七～一一〇一）の「書鄢陵王主簿所画折枝二種　其一」（一〇八七）は、「論画以形似、見与児童隣（画を論ずるに形似を以てするは、見児童と隣す）」とするが、文人画に言及した箇所では辺鸞（唐代の花鳥画家）の描く雀を「写生」、趙昌の画く花を「伝神」とする一方、ともに王主簿の描く「疎澹」にして「精」なる折枝画に及ばないとする（辺鸞雀写生、趙昌花伝神。何如此両幅、疏澹含精匀）。蘇軾は「形似」の価値を低くみる一方、これが「伝神」と対語であるとは考えていない。

(54) 松本は十二月十八日に逝去、二三日に東方文化研究所講堂で研究所葬が営まれた。連枝導師は大谷瑩城(一八八七～一九四八)、弔辞(「松本文三郎博士ヲ祭ル文」)の作文は吉川幸次郎(一九〇四～一九八〇)。式の最中に空襲警報が鳴り、所員が遺骨を抱えて地下室に避難する一幕があったという。注(1)前掲『人文科学研究所五十年』参照。

(55) 松本文三郎「グプタ朝藝術の一遺品―弘法大師将来の白檀造仏像龕に就いて」(『密教研究』一九三三)、注(45)前掲『東洋の古代藝術』に再録。

(56) 伊東史朗「金剛峯寺諸尊仏龕(枕本尊)について」(『国華』一一一一、一九八八)、稲本泰生「諸尊仏龕(図版解説)」(板倉聖哲編『日本美術全集 六 東アジアの中の日本美術』小学館、二〇一五)など。

(57) 例えば「兜跋毘沙門攷」(『東方学報 京都』一九三九)、「夾紵の像器」(同、一九四〇)。ともに『仏教史雑考』(創元社、一九四四)所収。

《執筆者》
岡村　秀典（おかむらひでのり）　1957年生まれ　京都大学人文科学研究所教授　中国考古学
髙井たかね（たかいたかね）　1973年生まれ　京都大学人文科学研究所助教　中国家具・生活空間史
稲本　泰生（いなもとやすお）　1966年生まれ　京都大学人文科学研究所准教授　東アジア仏教美術史

京大人文研漢籍セミナー5

清玩　文人のまなざし

二〇一五年一二月一〇日第一版第一刷印刷
二〇一五年一二月一八日第一版第一刷発行

定価［本体一九〇〇円＋税］

編　者　京都大学人文科学研究所附属東アジア人文情報学研究センター
発行者　山本實
発行所　研文出版（山本書店出版部）
〒101－0051
東京都千代田区神田神保町二－七
TEL　03（3261）9337
FAX　03（3261）6276
印刷・製本　モリモト印刷

ISBN978-4-87636-404-6

京大人文研漢籍セミナー　シリーズ

古いけれども古びない
歴史があるから新しい

1 漢籍はおもしろい　1800円

- 総説　漢籍の時空と魅力　武田時昌
- 錯誤と漢籍　冨谷至
- 漢語仏典——その初期の成立状況をめぐって　船山徹
- 使えない字——諱《いみな》と漢籍　井波陵一

2 三国鼎立から統一へ——史書と碑文をあわせ読む　1500円

- 魏・蜀・呉の正統論　宮宅潔
- 漢から魏へ——上尊号碑　井波陵一
- 魏から晋へ——王基碑　藤井律之

3 清華の三巨頭　1800円

- 王国維——過去に希望の火花をかきたてる　井波陵一
- 陳寅恪——〝教授の教授〟その生き方　古勝隆一
- 趙元任——見えざることばを描き出す　池田巧

4 木簡と中国古代　1600円

中国西北出土木簡概説　冨谷　至

漢代辺境出土文書にみえる年中行事―夏至と臘―　目黒　杏子

木札が行政文書となるとき―木簡文書のオーソライズ―　土口　史記

5 清　玩―文人のまなざし　1900円

古鏡清玩―宋明代の文人と青柳種信―　岡村　秀典

李漁の「モノ」がたり―『閒情偶寄』居室・器玩部より―　高井たかね

利他と慈悲のかたち―松本文三郎の仏教美術観―　稲本　泰生

＊表示は本体価格です。